こんなリーダーになりたい

私が学んだ24人の生き方

佐々木常夫

文春新書

936

こんなリーダーになりたい
私が学んだ24人の生き方

目次

こんなリーダーになりたいⅠ【逆境を生き抜け】

こんなリーダーになりたいII【成功は自己の内面にあり】

私のリーダー論

はじめに

私は高校二年の夏、山岡荘八の『徳川家康』を夢中になって読んだことがある。

この本は全二十六巻、世界最長の小説ともいわれ、寝る間も惜しんで受験勉強をしている高校生にとっては、楽しくも辛くもある経験であった。

あまりの面白さに二週間で読み切ってしまったが、この本に登場する織田信長、豊臣秀吉、武田信玄、石田三成、伊達政宗などの戦国武将を身近に知り、リーダーの多様性と奥深さを実感した。

その後、吉川英治の『新・平家物語』、司馬遼太郎の『竜馬がゆく』『坂の上の雲』、城山三郎の『雄気堂々』『落日燃ゆ』などを読み、歴史のめまぐるしい変遷や人の上に立つ人物のありように深い感動を受けた。

こうしたリーダーの不遇を跳ね返す執念や自分を成長させようとする努力、先見性や決断力を知ったことで、私自身の生き方や考え方、また人との付き合い方や仕事への向き合い方にどれだけ大きな影響を受けたかしれない。

二〇一二年、週刊文春に「こんなリーダーになりたい」というコラムを書き始めたとき、改めて自分が興味を持っていたリーダーたちを調べ直していくうちに、リーダーシップに対する自分の理解が不十分であることに気が付いた。

その一つは、歴史上に名を残した優れたリーダーたちは、中には元々持って生まれた優秀な素質が備わった人ももちろんいるが、多くの人物は、自分に高い目標を課し、人一倍多くの努力を積み重ねた上でリーダーシップを摑み取っていったこと。

もう一つは自らの欲求は極力抑え、組織のため、人のために貢献するという無私に近い思想を持っていたこと。そしてそのような気持ちを持って生き、行動する人は誰からも慕われ、尊敬され、多くの人を導いていける力を持つことができるということだ。

つまり私たち凡人にも、強い意志を持って生きていけば、リーダーになれる可能性があるということである。

この本で挙げたリーダーたちは、さまざまな特長を持って実績をあげた優れものではあるが、行間の端々から私のいう強い向上心と無私の心を感じ取っていただければ幸いである。

なお、最後の章に私の拙いリーダー論を付け加えさせていただいた。

こんなリーダーになりたい　I

【逆境を生き抜け】

1 ビジネスは終わりから始めて、そこへ到達するためにできる限りのことをする

――ハロルド・ジェニーン

ハロルド・ジェニーンは一九一〇年、英国生まれ。父は実業家であったが、土地投機で破産。十六歳からニューヨーク証券取引所のボーイとして働きながら、ニューヨーク大学で会計を学ぶ。

五六年にエレクトロニクスの会社レイセオン社の副社長として、会社業績を飛躍的に伸ばした実績で、五九年にＩＴＴ（国際電話電信会社）社長に就任。在任中に売上を七・六億ドルから百七十億ドルまで、十四年半連続増収増益というアメリカ企業史上空前の実績を上げ「経営の鬼神」とも言われている。

二〇〇四年に『プロフェッショナルマネジャー』を出版したが、この本は私のように長年企業経営のスタッフの経験をしてきた人間から見ると、経営の神髄を言い当てており、

経営論の至宝ともいえる。私にとってジェニーンは、まさに「こんなリーダーになりたい」人物である。

彼の経営思想のポイントは三つある。一つ目は経営にセオリーはない、二つ目は、経営者には、顧客と社員の信頼を勝ち取る人間性が必要、三つ目は経営者は結果を出さなくてはならない、である。

■ビジネスは人生同様、理論では収めきれない

まず第一の「経営にセオリーはない」ということであるが、当時アメリカでは、セオリーXとか、セオリーY、セオリーZなどと言って、経営のあり方について大学のビジネススクールやコンサルタント会社が研究し、経営戦略に関するモデルを確立しようという風潮があった。

セオリーXというのはいわば性悪説で、経営には厳格な指揮命令系統がいるというもの。セオリーYは性善説で、経営の意思決定に多くの従業員を参加させるべきというもの。セオリーZは、日本的経営を推奨するものであった。

ジェニーンは、現実の経営はそのような一定の方式では運営されない、ビジネスは科学

ではなく、人生同様理論で収めきれない活力溢れた流動的なものだという。

当時流行していたボストン・コンサルティング・グループのポートフォリオ・マネジメント戦略についても、製品のマーケットシェアと成長率だけで、現実の経営に当てはめてはならないと一蹴している。

私は、経営戦略はその個別の企業の持つ経営資源や環境によって変わってくるということを肌身で感じてきたので、「経営にセオリーはない」というのは同感である。

よく「総花経営ではなく選択と集中」とか「プロダクトアウトではなくマーケットイン」などといわれるが、私はこのような考え方の採用には、慎重であるべきと考えている。

その事業の体質強化の努力もせず、赤字だから切り捨てるとか、消費財の会社ならマーケットインもいいが、生産財の会社なのにプロダクトアウトを止めてしまうことは、危険な考え方である。

二つ目の「経営者には人間性が必要」については、ジェニーンは、経営者はまず真摯な人間でなければならない、良い経営者の条件は、顧客と社員の信頼を勝ち取るに足る人間性であるとしている。したがって、経営者として成功するには「正直で率直でなくてはならない」という。

ジェニーンがITT社長に着任した時、すぐにとった行動は、まさにそうであった。経営者は言葉より態度と行為によると考えたのだ。

会社がゴールに向かってチームとして突進するとき、一体として機能させ、緊密な人間関係によって結束させたときに、はじめて真の経営が始まる。

リーダーシップは、物事を遂行するよう人々を組み合わせ、結果を得るまで止めないよう駆り立てる情念の力である。だから経営者というのは、いわば全人格的な勝負をしているのだ。

■リーダーシップは伝授できるようなものではない

しかし、そのようなリーダーシップはなかなか伝授できない。自分の与えられたミッションの中で真摯に仕事に向き合っていく中で、自らの力で摑み取っていくものであろう。

ジェニーンは自分のビジネス経営論を、次のようにまとめている。

「本を読む時は、初めから終わりへと読む。ビジネスの経営はそれとは逆だ。終わりから始めて、そこへ到達するためにできる限りのことをするのだ」

なんだかんだ言っても、会社の経営者は業績というただ一つの基準によって評価される。

そもそもジェニーンがＩＴＴの社長になったのは、その前のレイセオンの副社長を三年間務めて収益を三倍にし、株価を十四ドルから六十五ドルにした実績を買われたからだ。経営者は結果を出すことを求められている。

ジェニーンはＩＴＴ社長に着任し、自分の目標を一株当たり利益を毎年一〇％アップすることとした。

そして会社のバランスシート、損益計算書、事業部別・ユニット別の財務諸表や会計報告を丹念にチェックし戦略を練った。

数字は企業の健康状態を測る一種の体温計、バランスシートは会社とそのマネジメントの哲学を表現している。会社をよりよく知るためには、多くの数字を見なければならない。数字は事実を正確に伝える。その目標数字の達成は極めてハードであるが、それをクリアすることで人も組織も成長していく。数字が強いる苦行は、自由への過程である。

ジェニーンは中長期計画というものを信用しない。目の前の一年間の計画を立てるだけで、マネジメントには、なすべきことが山ほどあると考えている。数字を分析したり、現場に足を運んだりして、事実を正しく摑んだら、とるべき対応策は自ずと現れる。

よくリーダーシップの要諦は、決断力とか大局観、洞察力などと言われるが、私は、その前に大切なことは「現実把握力」だと考えている。

■現場で起こっていることをタイムリーに知る

私は二十いくつもの赤字の会社や事業を黒字にしてきた経験があるが、そのとき最も重要視したのは、何が赤字の原因か、いま現場では何が起こっているか、何が問題かを正しく摑むことであった。

そのためには現場で何が起こっているかをタイムリーに知るシステムを作ることである。かつて自分の担当する事業の収益改善プロジェクトを立てたとき、品種別の採算を分析し赤字の品種は生産を止め、収益を上げている品種にシフトする計画を策定したことがある。

ところが収益を計算するときのコストというのは、当時は標準原価制度といって一カ月間機械をフルに動かしてその品種を生産したときにいくらかかるかが前提となっていた。

この方式では小ロットで頻繁に生産を切り替える品種については、切り替えのロスが計算されていない理想状態での、いわば架空の生産コストということになってしまう。

実はこの切り替え費用というのが馬鹿にならない。

そこで私は、切り替えコストを加味した実態のコストに置き換えて採算計算をし直した。そうしたら今まで利益があると思っていた品種がそうでないことが明らかになり、品種の存廃の基準が変わり、それまでの判断では一部間違いということになった。

このような例はあるアパレル会社の経営診断をしたときにもあった。

その会社の製品は独自で企画販売する商品の他に、イタリアやフランスからブランド物を仕入れて販売する商品も多くあった。その採算計算を見ると、ブランドのロイヤルティの初期支払いと、販売するたびに発生するロイヤルティとがあった。

初期の支払い分については、ある一定の数量が販売できれば戻ってくるというものだったから、採算計算上、省いてなされていた。しかし実際はほとんどの商品が目標の数量が達成できずに初期分も払っていた。そこで、その費用も算入して計算をし直してみると、三分の一の商品が赤字だということがわかった。そのためブランド数の大幅な削減を実行することでその会社の赤字を黒字にすることが可能になった。

たかが計算上のささいなルール変更にすぎないと思われるかもしれない。しかし、リーダーは大局観や決断力を持つべきという前に今何が起こっているのか、赤字の真の原因は何かを正しく把握することがやはり肝心なのである。

■経営の評価は損益計算書で決まる

現実を把握したとき、初めてそれを絶対にやり抜くという決意と覚悟が必要となってくる。計画や目標が的確でも、それをやり抜く実行力がなければ結果は出ない。プロフェッショナルマネジャーとそれ以外を分けるのは態度の違いである。経営の評価は損益計算書であり、それをみれば経営をしたか、しなかったかは、一目瞭然である。

「経営者は経営しなくてはならない」

2　礼儀正しさは最大の攻撃力である
——キングスレイ・ウォード

私はキングスレイ・ウォードというカナダの実業家が書いた『ビジネスマンの父より息子への30通の手紙』を四十歳頃に読んでいたく感動した。

キングスレイ・ウォードは化学事業を興し成功した人だが、ビジネスマンとしての働き盛りのときに二度の心臓の大手術を受けている。死に直面した彼は、生きているうちに自分の様々な経験を息子に伝えたいと切実に願うようになり、息子が十七歳のときから二十年にわたり三十通の手紙を書いた。

この書簡は、発表など考えもしなかったもので、いわば父親としての遺書代わりに書かれたものだ。それだけに率直で心がこもっていて読む人の心を捉える。

そこには、いつも礼儀正しくふるまうこと、人に会う前はきちんと準備しておくこと、お金は大切に使うことといった細かなことから、経営者としてとるべき態度や手法、事業運営上の留意点といった大きな問題に至るまで、父親らしい愛情に満ちたアドバイスが溢れている。

私はこの本から、父親の息子に対する愛情の深さと、ビジネスマン、あるいはリーダーとしてあるべき心得を教えられ、それ以来、座右の書としている。

六歳で父を亡くした私にとって、父親とはこれほど暖かな存在なのかと感じられたため、その衝撃はなおさら大きかった。

何度も読み返し、私のその後の人生の指針となった一冊だが、まさに「一人の父親は百人の教師に勝る」である。

いわば、キングスレイ・ウォードは私の父親になったようなものだった。

ウォードは息子への手紙を通して、ある意味、真のリーダーはどうあるべきかを説いている。

■勇気と希望を与えられるリーダーになるには

私が考えるリーダーの定義とは「その人といると、勇気と希望をもらえる人」であるが、ウォードはまさにそういう人になるためにはどうすればいいかを語っている。

この一連の手紙は一貫して「常識」を説いているが、その「常識」とは、リーダーとしての行うべき原理原則のことである。

三十通の手紙には、リーダーとして肝要なことが大きく二つあげられており、そのひとつは「礼儀正しさは最大の攻撃力である」、あるいは「成功する人の共通点は規律を重んじている」ということだ。人生に対する真摯さというか基本スタンスである。

「いつも時間を守りなさい」「定刻に出社するという責任を果たせない人にどうして仕事をまかせられるか」「周りの人に対する心遣いをしなさい（ありがとう、どういたしまして）」「相手の話をよく聞きなさい、沈黙は相手の知性と考え方に対する敬意を表す」「信用は細い糸、ひとたび切れると継ぐことは不可能に近い」などといった内容で、そういった正しいマナーが人を作っていくと説く。

自分の周りにいる人たちを大切にする、思いやることがリーダーとしてどれほど大事なことかは、これから取り上げる土光敏夫や西郷隆盛らの優れたリーダーが、常に自分の周りの人たちに、深い愛情を持って接していたという事実でもわかる。

ウォードは「社員は会社の血液と同じだ」と息子に語っているが、それは社員一人ひとりが尊重され尊厳をもって個人として生きることができるようにしなさいということだ。

そうした気持ちや態度で人に臨んだら、いわば「信頼残高」を高めていくことができ、誰しもその人についていこうとする。

組織を率いるリーダーは、そういった真摯さと自制心を心の軸に持つことが求められる。

■プアなイノベーションより優れたイミテーション

キングスレイ・ウォードの説くもう一つ大事なことは「リーダーとは学ぶことができる人」ということである。

事業経営に関する意思決定のほとんどが、幾度か繰り返されてきたもので、たいていは書物に書き記されていることは、プロのビジネスマンたちならよく知っている。

この世の中で全く新しいということはあまりなく、人の一生やビジネスは反復的な面が多い。

私たちは自分ですべての過ちをする時間的余裕はなく、他人の過ちから学ばなくてはならない。

これを上手に出来る人が、優れたリーダーに育っていくとウォードは言う。

以前私は自分の本の中で「プアなイノベーションより優れたイミテーション」というこ

とを書いた。この言葉の意味は、会社の中には先輩が作成した書類、先輩が経験した事例が山ほどある。それを借用したり、人の話を聞いたりすることで、過去の優れたサンプルを仕事に生かしていくことが、大きな成果に繫がるということである。

リーダーとは他の優れた事例を効率的に身に付けていける人のことであるが、そのためにはそうしたことを学ぶ力が必要だ。

学ぶ力を得るためには、人から学ぼうとする謙虚さがいる。

この本は優れた企業経営者である父が、リーダーとはいかなるものか、息子にわかりやすく説いたもので、平易な表現でもあり、いかにも常識的なことの羅列のように見える。

しかし、常識ある人間とは、リーダーの要諦であり、孔子も「七十にして心の欲するところに従って矩《のり》を踰《こ》えず」と言っている。

常識的なことを自然に行えることが、リーダーとして大切なことである。

ウォードは「二人の人間が全く同じ考えを持つことは無い。皆、生き方や考え方が違う。それを認めて経営をしなさい」と息子に言う。これは最近の言葉でいえば、ダイバーシティの考え方に立っていて、個人の個性を認め、その良いところを伸ばしていくのがリーダーの務めである。

リーダーというのは組織を束ねて、大きなエネルギーを起こし、結果を出していくことを求められている。

そうしたさまざまな人のさまざまな生き方、考え方を受け入れ、組織として強くしていく。

■生活のバランスを保てる経営者は無敵

また、ウォードは生活のバランスを保つ重要さも息子に教えている。

仕事に行き詰ったら、一時、心の中にその問題を預け、しばらく寝かせる。

その間に、運動したり読書をしたりすること、特に自然に接することを勧めている。自然の中で釣りをしたり狩りをしたりして、時間がたてば無意識の内に考えが整理され、まとまってくる。

そういう意味で、自然がこの世の中での最高顧問であると言う。

私の三人の子どものうち長男は自閉症という障害を持って生まれた。自閉症というのはこだわりがあり、自分が好きなことは喜んでするが、そうでないものには関心が無い。

彼の場合、山登りが大好きだったので、毎週土曜日は家族五人で近くの山にでかけた。

朝、家内が作ったお弁当を持って出かけ、夕方帰るという生活を何年も続けたが、おかげで私の身体の調子もよく、何といっても自然の中で一日過ごすということは、精神的リフレッシュにもなり、次の週の仕事にも大いなるエネルギーとなった。

また、山を登っている間中、子どもたちの学校であったこと、友達のこと、読んだ本のことなど聞くことにもなり、子どもの成長に気づいたり疑問を感じていることの相談に乗ったりで親子の絆を深めるいい機会となった。

趣味や家族と楽しむ時間を持ち、生活のバランスを保っている経営者を打ち負かすことは難しい。そのような人は仕事にも合理的で、健全で、バランスの取れた姿勢で取り組むからである。

ウォードの手紙は、あとは君に任せるという、人生の達人者の言葉で締めくくられている。

そこには「いろいろ言ったが、もう経営のことで君と話をすることは一切無いだろう。私には君のお母さんと、この二十年間で旅行に行ったことが二回しかないので、その数字を書き換えたい。北部の湖水にはまだたくさんの魚がいて私に釣り上げてもらうのを待っている。時間が無くて思うに任せなかった本も五十二冊ある。私はまだまだ人生を楽しむことになるだろう」とあった。

昨今、企業経営者の中にはいつまでも会社にしがみつき、権力を手放さない人がいるが、そういう人に聞かせてあげたいリーダーの言葉である。

3 「言葉」はリーダーが方向を示す旗

――小倉昌男

人は誰しも、「何か」にとらわれて生きているようだ。ゼロから宅急便事業を創造し新しいビジネスモデルを立ち上げたヤマト運輸の小倉昌男も、かつてはある「思い込み」にとらわれていた。

父親である康臣が関東一円をカバーする路線トラックのネットワークによって成功をおさめたが、これによって、「トラックの守備範囲は百キロメートル以内。それを超えたら鉄道の領域」と会社全体が思い込んでいたようだ。

ところが、戦後になると、あくまでも近距離輸送にこだわり続けたヤマトは競合他社の後塵を拝するようになり、経営再建策として打ち出したのが事業の多角化だった。

通運事業、百貨店配送、航空貨客から梱包業務までを行う総合物流企業を目指したのだ。

しかしこれが裏目に出る。各事業が伸び悩むうえに、基幹事業である商業貨物の収益までも悪化していくのだった。そして、業績悪化がいよいよ危険水域に達するというタイミングで、小倉は社長に就任する。

〝負け犬〟となったヤマト運輸の業績をどうすれば好転させることができるのか、小倉は日夜、そればかりを考えていたという。

■ひらめきは小さな新聞記事から

そんなある日、ひとつの新聞記事を見た。

それは、吉野家が豊富に揃えていたメニューを、牛丼一本に絞ったことを報じるものだった。そして、その記事によって「大量少量を問わず、どんな荷物でも運べる会社」という既成の会社の信念に疑いの目を向けたのだ。

「吉野家の場合は『牛丼ひとすじ』という新しい業態を開発し、チェーンを展開して成長していく。一方、ヤマト運輸の得意とする分野は、消費者に近い小規模企業や家庭から出る小さな荷物である。ならば、思いきって対象とする市場を変え、メニューを絞って新しい業態を開発したら、道が拓けるのではないだろうか――」

これは、極めて重要な発想の転換である。

自らの「信念」＝「思い込み」を脱し、少量小口の個人宅配事業に一本化するという構想が芽生えた瞬間だからだ。これが、後に宅急便というイノベーションを生み出す原点となるとともに、「既成概念」への挑戦の幕開けともなった。

私は、ここに小倉という稀有なリーダーの特質を見る思いがする。

なぜなら、人間にとって、自らの「思い込み」に気づくことは至難のワザだからだ。「思い込み」とは自らの思考の枠組みそのものである。その思考の枠組みを自らの思考によって検証するのは、たとえてみれば、鏡を見ずに自分の顔を見るようなもので、常人には、なかなかできることではない。しかし、小倉は、たった一本の記事によって「思い込み」を打ち破ることに成功する。

小倉は、しばしばマーケティングや経営に関する研修会に出かけたり、欧米に出張したりすることで、何事にも学ぼうとする進取の心がけがあったことも、幸いしたようだ。

■私の失敗

私は今でこそ効率的仕事術を説いたりしているが、二十代のころはともかく与えられた仕事については自分自身でやり方を考え、自分のオリジナリティで、仕事を進めようとすることを信条にしていた。

あるとき担当している製品のマーケットリサーチが必要になり、そのリサーチのフォーマットを自分で考案し、一週間ほどかけ調査会社に依頼すべく手配した。

その直前に上司に説明したところ「君、このような調査は以前から何度もしていて、フォーマットなどすでに理想的なものができているよ」と、過去の資料を見せてくれた。私の一週間の作業など全く必要のないものだったということだ。過去に作成したフォーマットにいくつか改善点を織り込めば、時間をかけずにレベルの高いものができたのだ。

もう一つ、私が担当する事業が赤字であったとき、どのようなケーススタディをしてもなかなか黒字化しないものがあった。その製品は三島と愛媛に工場があった。検討メンバーでこの事業の黒字化は難しいという結論しか出ないかなと考えていたら、ある人が「どちらかの工場を閉鎖したらどうか」と言ったのだ。そのような発想を持っていなかったメンバーはみな驚いたが、考えてみればどちらか一工場にしたら若干の投資はいるが、効率はぐっと良くなる。これで黒字化の目途がついた。

当然どちらの工場にも働いている人がいるため、その人たちのことを考えると工場閉鎖は思いもよらなかったわけだが、考えてみると閉鎖する工場には他の事業があり、仕事のなくなった人はそちらで吸収してもらえばいいのだ。私たちの考えはまさに「思い込み」だった。

ひとつの会社で長く仕事をしていると、どうしてもその会社に同化してしまいがちだ。その会社特有のやり方に疑問をもつこともなくなり、「当たり前」になってしまうのだ。しかし、それが本当に「当たり前」なのかどうか疑わしいものである。実は、同質性の高い者ばかりに囲まれているために、知らず知らずのうちに陥ってしまった「勘違い」かもしれないのだ。

しかし、小倉の場合は、異質なものを取り入れることによって「本当に当たり前なのか?」という視点が持ち込まれたようだ。

■言葉が力を発揮するとき

「サービスが先、利益は後」。小倉の有名な言葉だ。

宅急便事業の立ち上げ時期に社内に向けて発した標語で、このモットーを徹底したことによって、ヤマト運輸の事業は急拡大したと言っても過言ではないだろう。

各家庭の荷物を集配する宅急便事業は、地域ごとに営業所を開設し、ドライバーとトラックを配置するなど、初期投資に莫大な費用がかかる。それを回収し、利益が出るようにするには、とにかく荷物の数を増やさなければならない。そして、そのためには、サービスを向上させて利用者に便利さを実感してもらう必要がある。

しかし、サービス向上と利益には相反関係がある。サービスを向上させれば、経費が増えて利益が圧縮される。利益を追求すれば、サービスを向上させるのは難しい。

現場にいるドライバーはサービスの向上を主張するし、管理部門のスタッフはコストとメリットの計算に精を出す。もちろん、これはおよそすべての会社に起こる現象であり、どちらにも理はある。

しかし、宅急便の立ち上げ時期においては「サービス向上」が至上命題である。だからこそ、小倉は、「サービスが先、利益は後」というメッセージを発することによって、両者の優先順位を明確に示したのだ。

この言葉が力を発揮した。

事業展開のスピードが格段に上がったのだ。一日一回だった集荷サイクルを一日二回に増強し、全国に集配エリアを拡大するなど、大小さまざまなサービス向上策を矢継ぎ早に実行。そして、初日の発送数わずか十一個だった宅急便事業を、たった三年で黒字化させることに成功したのだ。

もちろん、この言葉ひとつの力で、この偉業が達成されたわけではないだろう。しかし、「サービス向上と利益」のせめぎ合いを放置したままであれば、あのクロネコヤマトのスピード感を実現することはできなかったはずだ。

リーダーの発する「言葉」の重要性と戦略性を如実に示すエピソードではないだろうか。

リーダーは、メンバーに「向かうべき方向性」を明示しなければならない。混乱している仲間の先頭に立って、「こっちへ進もう」と旗を振らなければならない。

そして、人間社会において、「旗」とは言葉にほかならない。自らの意志や思想をもっとも明確に伝えることができるのは言葉でしかない。

■激動の時代には朝令暮改も必要

ところが、これが難しい。なぜなら、世の中には、大切にしなければならない価値がやまのようにあるからだ。そして、それらは相反する緊張関係におかれている。

「サービス向上と利益」もそうだし、「競争と平等」「秩序と自由」など枚挙にいとまがない。その緊張関係のなかで、自らの人生観やその時々の状況にあわせて、方向や価値の優先順位を明示するのは簡単なことではない。

毎年、期の初めになると売上高の目標を厳命し、期中になって利益が未達になりそうだと、今度は利益を確保しろという指令が下る。

安全月間になるともちろん「安全第一」の号令が下る。製品のクレームが来ると、「品質第一」で頑張れと命令が下る。だが「第二」がなく、「第一」ばかりあるということは、本当の第一がない、ということだ。

たしかに、これでは社員は混乱するばかりだ。「第一」ばかりでは、自分では「旗」を振っているつもりなのだろうが、実際のところは単に「場当たり」的なだけだ。要するに、「安全第一」と「品質第一」という緊張関係にある価値の間で優先順位をつけることができていないのだ。

もちろん、市場環境が激変する現代において、ときに「朝令暮改」もリーダーにとっては必要なことではある。しかし、そこに一本貫く価値観がなければ、誰もついていこうとは思わない。小倉の言葉は明快だった。

4 苦悩は人間の能力のひとつである
――ヴィクトール・E・フランクル

私はかつて、ヴィクトール・E・フランクルの『夜と霧』（霜山徳爾訳。原題は『心理学者、強制収容所を体験する』）を読んで、自分の人生観を根本的に修正した記憶がある。三十五歳のころだったと思う。

優秀な心理学者であったフランクルが、ユダヤ人であるというだけで、妻、両親とともに強制収容所へ送られ、約二年半、いくつかの場所に移送されつつ過ごす。家族すべてを失うものの、奇跡的生還を遂げる。この本は、その間に起こったこと、考えたことをまとめたものである。

冷静な視点で収容所での出来事を記録するとともに、過酷な環境の中、囚人たちが、何に絶望したか、何に希望を見出したかを克明に記している。

同書は戦後間もなく出版され、英語版だけでも九百万部に及んだ。アメリカでは「私の人生に最も影響を与えた本」のベスト10に入った唯一の精神医学関係の書となった。

時代を超えて多くの人たちに読まれるのは、単なる強制収容所の告発ではなく、人間とはいかなるものかという分析の深さと、それを踏まえて、人生とは何か、人はいかに生きるべきかを問う内容だからである。人生を生きる意味を自分の体験をもとに明確に世に発信したのだ。

私は「リーダーとはその人の存在が周りの人たちに勇気と希望を与える人」と考えているが、同書を読むだけで、ほとんどの読者が勇気を与えられたという意味では、フランクルは優れたリーダーであると言える。

彼の収容所での過酷な体験を知って驚くのは、人はどんな環境でも生きることが可能だということだ。

自分の身体以外はすべて取り上げられ、ギュウギュウ詰めのベッドで寝かされても、すぐに眠れる。一日に三百グラムのパンと一リットルのまるで水のようなスープでも生きていける。半年に一枚のシャツでもなんとかなる。

収容所の看守は、感情に任せ、囚人をただ意味もなく殴りつけるが、殴られることにも何も感じなくなるし、目の前で人が死んでいくことにも無関心になる。

まさにドストエフスキー言うところの「人間は慣れる存在」なのだ。

収容所ではさまざまな選抜がなされた。ガス室に送られるか、別な収容所に移されるかはちょっとした偶然で決まった。先が見えない中、収容所ではクリスマスに解放されるとのうわさが広まり、それが裏切られると、急に力尽きて死ぬ人が多かったという。

それは過酷な環境の中で、心の支え、つまり生きる目的を持つことが、生き残る唯一の道であるということだろう。

■何のために生きるかは自ら問うものではない

どんな時でも人生には意味があるとフランクルは言う。

「人は何のために生きるのか」というのは、こちらから問うことができるものではない。「人生から問われていることに全力で応えていくこと」、つまり「自分の人生に与えられている使命をまっとうすること」だけができるのだ。

その人を必要とする「何か」がある。

その人を必要とする「誰か」がいる。

その「何か」や「誰か」のためにできることは何か。それに全力で応えていく。そうすることで自分の人生に与えられた使命をまっとうする。私たちの元にいつの間にか送り届けられている「意味と使命」を発見し実現していく。

私はフランクルの本を読んで、自分の人生観を根本的に修正したと冒頭で述べた。そのひとつは、私が障害を持つ家族や仕事で苦労したことなどは、フランクルの経験に比べれば、取るに足らないということ。もうひとつは「人は自分に与えられた人生で全力でその使命を果たすことが生きていく意味なのだ」。私の言葉で言い換えれば、「運命は引き受けるもの」ということを気付かせてくれたということだ。

■大きなチャンスは前触れなくやってくる

フランクルは「自分に与えられた環境の中で自分の使命を全力で果たす」という基本的な考えを持っていたが、もう一つ「どんなときにも生きる希望を持つ」という基本的な生き方を持っていた。

フランクルがいたユダヤ人の収容所は、過重労働と飢餓の連続する悲惨な毎日であった。あるとき、飢えかけた人が倉庫に忍び込み、数キロのじゃがいもを盗んだ。その収容所のきまりでは絞首刑にかけられる罪になる。当局は被収容者たちに対し、侵入者の引き渡しを要求し、拒めば全員一日の絶食を科すと伝えた。

二千五百名の仲間は、誰が盗んだか知っていたが、その人物を絞首台に差し出すことより、絶食を選んだ。

食事が出なかったその日の夕方、収容所全体がすさんだ雰囲気になっていた。その時居住棟の班長がフランクルに頼んだ。

「ここ数日間、病死したり、自殺したりした仲間を見ていると、死因はさまざまでも本当の原因は自己放棄である。どうしたら精神的な崩壊を防げるか、説明してほしい」

フランクルは立ち上がって次のような話をした。

「我々の置かれている状況は、お先真っ暗で生き延びる蓋然性は極めて低い。しかし私個人としては、希望を捨て投げやりになる気は全くない。なぜなら、未来のことは誰にもわからないし、次の瞬間に自分に何が起こるかもわからないからだ。たとえ、明日にも劇的な戦況の展開が起こることは期待できないとしても、収容所の経験から、少なくとも個人レベルでは、大きなチャンスは前触れなくやってくることを私たちはよく知っている。ありがたいことに未来は未定だ。人間が生きることには常にどんな状況でも意味がある。今このとき、私たちは、誰かのまなざしに見下ろされている。誰かとは友かも、妻かも、神かもしれない。その見下ろしている誰かを失望させないでほしい。私たちは一人残らず、意味もなく苦しみ死ぬことを欲しない」

フランクルが話し終わったとき、仲間たちの間に大きな感動が広がり、仲間の一人が立ち上がり、涙を流して礼を述べた。

彼の話は仲間たち全員に、生き抜こうという勇気と希望を与えたのだ。

フランクルは、この悲惨な状況の中でも、いつの日かここで起こったことを本に著したり、講演で話そうという強い決意と目標を持っていた。

事実彼は解放の後、『夜と霧』をわずか九日間で書き上げている。

このような理不尽な悲劇を風化させまい、経験者としての使命を果たしたいという大きな目標があったから、日々の苦難に耐え、奇跡的な生還に繋がったのだ。

いつかここを出る。そして結婚九カ月で別れざるを得なかった愛する妻に再び会いたいという強い希望が彼の生きようとする力を補強した。

心の中で愛する人の面影に思いを凝らせば生きていく力が湧いてくる。愛は人が人として到達できる究極にして最高のものだということを感じていた。

■運命を乗り越える力とは？

ニーチェは「何故生きるかを知っているものは、どのように生きるかということにも耐える」と言った。

何故生きるかは、「与えられた運命を引き受け、自分の使命をまっとうするため」である。その時、運命を引き受け努力するに値するような目標や夢を持つことが、苦しみを乗り越える力となる。

日本では、一年間に三万人もの人が自殺する。

私の妻はうつ病に罹ったこともあって四十回ほどの入退院と三度の自殺未遂をしたが、彼女のように自殺未遂をしたという人は、おそらく統計にあらわれた数字の十倍いる。苦しいことが起こり「死のうかな」と思った人はそのまた十倍いるだろう。苦悩は誰にでも必ず訪れるが、苦悩は人間の「能力」のひとつでもある。しかし、苦悩を乗り越えたとき、そこに光がある。

フランクルは身を以て私たちにそれを教えてくれた。

5　日に新たに　日々に新たなり

——土光敏夫

ビジネス界を代表するリーダーと言えばなんといっても土光敏夫である。

石川島播磨重工業や東芝の社長のあと経団連会長や第二臨調会長と次々難しい仕事を引き受け実績を残す一方、その質素な生活ぶりで「メザシの土光さん」としてつとに知られており、経済界のみならず政界からも戦後最も尊敬されたリーダーの一人といってもいい人物であるからだ。

作家の城山三郎は土光を「一瞬一瞬にすべてを賭ける、という生き方の迫力。それが八十年も積もり積もると、極上の特別天然記念物でも見る思いがする」と評している。

ソニーの創業者井深大も「今の日本で最も尊敬できる人は誰かと聞かれれば、無条件に『土光さん』」と絶賛している（『清貧と復興』出町譲著・文藝春秋）。

土光敏夫の凄さは二つある。

まずだれも真似ができない凄さは、その「無私」の思想にある。何事にも「私」がない。すべての発想や行動の原点は「己」ではなく「公のため」即ち「世のため人のため」にある。

土光の住んでいた家は日本が太平洋戦争に突入する寸前に建てられたものでわずか三部屋しかない平家建て。この小さな家に石川島播磨重工業社長、東芝社長、そして経団連会長になっても五十年間住み続けた。生活は極めて質素で、長い間月三万円で暮らし、経団連会長のころはさすがに十万円程度だったようだが、まさに「清貧」の日々であった。

東芝の社長になったときはトイレ・バス付の社長室を撤廃し、役員の個室を四人部屋に変え、出張での付き人は無し、社用車は止め電車通勤を通した。

こうした土光の考え方は、母親の性格や躾によるところが大きく、母親のいう「個人は質素に、社会は豊かに」を生涯通した。

原発問題の起こった東京電力の会長人事が難航したとき、ようやく原子力損害賠償支援機構の下河邉和彦氏がその任についた。大手企業の元社長など有力候補は問題の重大さと見返りの少なさを考え、ことごとく政府の要請を断ったという。私はもし土光敏夫であれば東電の会長を引き受けたのではないかと思う。

なぜなら彼の行動の原点は「無私」にあり、いつもこの人の頭にあるのは「世のため人のために生きる」ことで、事態の困難さや見返りの軽重などは存在しないからだ。

土光敏夫の二つ目の凄さはとことん「努力の人」だということだ。

■学校は社会に出るためのウォーミングアップにすぎない

土光自身は特別な秀才ではない。それどころか岡山中学、東京高等工業で、四度受験に失敗している。またそのことを隠さないところがこの人の真骨頂、面目躍如たるところである。

「失敗は終わりではない。それを追究することで初めて失敗に価値が出てくる」「ぼくは学歴なんか問題にしない。そもそも学校とは社会に出るためのウォーミングアップにすぎない」と言っている。

土光は朝は四時半に起き、お経を三十分唱え、七時には出社する生活。夜の付き合いを避けてなるべく早く帰り、本を読むのが日課で、自らを鍛えることを終生忘れなかった。

座右の銘は「日に新たに　日々に新たなり」で、昨日も明日もなく新たに今日という清浄無垢の日を迎える。今日という日に全力を傾けるという日々努力の人である。

「艱難汝を珠にす。そして艱難を自らに課し続ける人間のみが、不断の人間的成長を遂げる。われに百難を与えたまえ」と言ったというから言葉が出ない。

私は「仕事で成長すること」と「世のため人のために貢献すること」が働く究極の目的だと考えているが、彼はその二つの大事なことを具現化した。

■チームの中で〝最も遅れている人〟に

土光は仕事のことでは厳しく当たり怒鳴ることもあったが、反面、部下など周囲の人たちには溢れるばかりの愛情があった。

組織の周辺に対する深い愛情は、社長になるずっと前、若かりし一技術者時代から不変のものであった。

彼は、優秀かつモーレツなエンジニアだった。

石川島造船所に入社後、手がけたのは船舶用タービンの開発であった。同社がスイス製の最新式タービンの輸入を開始したのを受け、ならば、それをもとに研究を重ね、純国産品を生み出してやろうと志したのだ。ドイツの科学雑誌をやまほど取り寄せ、それを読みこなしながら、日夜、試作に取り組んだ。睡眠時間は五時間。それ以外の時間は、すべてタービン開発に捧げる毎日だったという。

ところが、そんな多忙の合間を縫って、土光が続けていたことがある。「夜間学校」である。

仕事が終わると、やる気のある少年工を集めて、初歩の機械工学や電気工学を教えたのだ。自腹でうどんを振る舞っていたそうで、土光の優しさが偲ばれる。

ただし、それは決して少年工への愛情に発するものというだけではなかった。土光は、その動機を「彼らの能力をアップさせなければ、造船所の技術力も一流にならない」と考えていたのだ。

私が土光に強く共感することのひとつは周囲の一人ひとりの成長に気を配ったことである。

なぜなら、これは私自身大切にしてきたことだからだ。

私の長男は自閉症をもって生まれ、幼年期に私は幾度も学校に行かざるを得ず大変苦労したが、そのことはある意味私にとって恵みでもあった。

というのは、組織を任されると、まずはじめに〝最も遅れている人〟に意識がいくからだ。そして、なんとか彼らを育てたいという願望がわき上がってくる。これは、障害のある長男を授かって以来、私の習い性のようなものだ。

世間では「2―6―2の法則」とよく言われる。職場で優秀なのは二割の人で、六割は普通の人、残りの二割は〝落ちこぼれ〟というわけだ。これは、一面の真実である。

そこで、〝落ちこぼれ〟の二割をできるだけ早く異動させて、優秀な人材を獲得しようと勘違いする管理職が出てくる。しかし、そんなことをしても強い職場をつくりあげることはできず、新たな「2―6―2」が形成されるだけのことだ。

そもそも、人間の能力にはそれほど大きな差があるわけではない。いわば、百メートルを十四秒で走るか十六秒で走るか程度の差でしかないのではないだろうか。にもかかわらず、ほんの小さな差をことさらに取り上げて、「あいつはできる、こいつはできない」と評価をつけるほうがどうかしている。「こいつはできない」と評価された人がやる気をなくすだけだ。

そして、〝落ちこぼれ〟の二割を育てようとするリーダーのいる職場は、おしなべて士気が高い。なぜか？「このリーダーは、何があっても自分たちを見捨てない」という信頼感をメンバー全員が共有するからだ。

土光は幾度もの経営危機に直面したが、そのたびに「社員は決してクビにしない」という方針で臨んだ。経営幹部には厳しいが従業員やパートに至るまで自分の家族のような目で接していた。

人間関係の基本は「思いやり」というのが土光の信条であり、すべての人を活かすことを徹底したが、これこそ、リーダーの基本なのだ。

私は組織というものは、「その人の強いところを引き出し、弱いところを隠す」ことが強みだと考えている。

6　正面の理、側面の情、背面の恐怖

――上杉鷹山

かつてアメリカのケネディ大統領が「最も尊敬する日本人は上杉鷹山《ようざん》」とインタビューで答えたという話を聞いたことがある。

上杉家は謙信を先祖とし、養子景勝《かげかつ》のとき秀吉から会津百二十万石を封ぜられたが、関ヶ原で石田三成に加担したため家康に米沢三十万石に減封させられた。三代目藩主の急死のドタバタで十五万石になる。しかし百二十万石の格式と外形から抜け出せず、十五万石というのに家臣の給与は十三万三千石もあったという。

農民への度重なる重税が続き領民は疲弊し、江戸・大坂の商人からの借金は莫大となり上杉家は破たん寸前。そのような危急存亡のとき、九代目となるべく九州日向高鍋藩三万石から養子に入ったのが当時十歳の上杉治憲《はるのり》で、十七歳で藩主となった。

藩の大改革に乗り出すには一人ではできない。人がいる。そこで最初に藩内のはみだしものたち、社会悪に怒りを持っていたり相手かまわず直言する人間など骨のある数人を集め、その意見を聞きながら改革に着手した。

そのとき治憲がしたことは、①藩政窮迫の実態を正しく摑むこと、②その実態を全藩士に伝えること、そして③目標を設定することだった。

■なぜ赤字になったかを把握

繰り返しになるが、経営者にとって最も大事なことは現実直視、すなわちなぜ赤字になったのか？　問題は何か？　いま何が起こっているのか？　を正しく摑むことである。

経営者には決断力がいるなどというが、その前に正確な事実把握がなくてはならない。何が起こっているか、何が問題かがわかれば対応策は的確に用意できる。

そしてその次は、その情報を全社員が共有することと、しかるべき目標の設定である。

治憲は率先垂範の行動に出た。自らの生活費を千五百両から二百両へ約八分の一にし、祝い行事の延期、衣服はすべて木綿に、食事は一汁一菜、贈答の禁止などの緊縮策を打ち出した。

彼は藩政の目的は「領民を富ませること」でそれを「愛と信頼」で展開するとし、藩の三つの壁を壊す。すなわち制度の壁、物理的壁、意識（心）の壁。そのために、藩を変えるとは自分を変えること、生き方を変えることとした。

これらの改革は、当時の常識から考えるとあまりにドラスティックであり、米沢の重臣たちはことごとく反対した。治憲が十九歳で小藩からの養子でもあったことから、重臣たちは半分侮り、藩主の言うことを聞かないどころか誤った施策であるとして、方針の撤回を求めた。

あまりの抵抗の大きさに彼は一時藩主を辞め、九州高鍋に帰ることも考えざるをえないほど追いつめられたが、窮状の丁寧な説明と不退転の意志の強さがあったため、下級藩士を中心に次第に賛同が広がり改革が徐々に動きだしていく。

■「背面の恐怖」の使い方

このとき、徹底的に抵抗する七人の重臣には丁寧な説得を繰り返したものの、彼らはあくまでも従わなかったため、最後は二名の切腹、残る五名の隠居・閉門の断を下した。

若くて優しいと思われていた治憲のこうした侮れない強さに藩士たちは心底驚く。

かつて中坊公平が、リーダーたるもの部下に対しては「正面の理、側面の情、背面の恐怖」が必要と言った。つまり「部下には論理的に丁寧に説明しなさい。ときどき愛情をかけなさい。しかし言うことを聞かなければクビにしなさい」という意味であるが、確かに優しさだけでは人は律しきれないのが現実だ。

私自身、部下を守り育てることを基本としてきたが、こちらがどのように仕向けたり指導しても応じない部下が十人に一人くらいいるものだ。

そういう部下まで面倒をみることはない。会社は福祉事業をしているわけではない。それに、会社の中には少しくらい変わっていても働ける場所はあるものだ。そこに異動してもらったらいい。

米沢藩は藩士の給与を十五万石の半分にし、農地を開墾し、特産物を作るなど着実に改革を進め、借金の完済を果たすことになる。

三十五歳で隠居を願い出て名を上杉鷹山と改めるが、彼の藩政改革は現在の企業改革に大きな示唆を与えてくれる格好のビジネスのケーススタディといえる。

どうして米沢藩はこのような財政危機に陥ったのだろう。毎年借金を積み重ね、このままでは立ち行かなくなることは誰の目にも明らかなのにだ。

これを考えるには現在の日本を思い浮かべればよい。現在の日本の国家収入が四十兆円なのに九十兆円を支出するのは異常な状態で、毎年国の借金が膨らんでいっている。国の借金が個人金融資産を上回ることは確実で、そのことは誰でも知っている。近い将来ギリシャに起こったことが日本に起こるだろう。例えば公務員は二〜三割が職を失い、年金も大幅にカットされ、消費税は二〇％になり国民は塗炭の苦しみを味わうときが来る。

いずれそうなるのに一部の政治家は消費税を上げる前に公共事業のカットなど、やるべきことがあると主張する。もはや消費増税の是非を議論しているときではない。

私は、リーダーが果たすべきことは三つあると考える。まず第一が現実直視。今何が起こっているか、今後どうなるかといった事実把握である。

その次、第二はビジョンと戦略を示すことである。何を実現しようとしているか、どう実現するかである。そして第三に必要なのは適切な組織と人事である。

一橋大学名誉教授の関満博氏は、地域産業振興には「ヨソモノ　ワカモノ　バカモノ」が必要だと看破したが、変革を起こすときには岡目八目というか、違う世界の人間の視点が有効だということだ。

治憲は高鍋藩から来たヨソモノで、十九歳というワカモノで、何が何でもこの体制を変えなければという、重臣にとってはバカモノであった。そういう人こそが、しがらみもないこともあって体制の立て直しができる。

■政治家の判断が求められるとき

現在の日本の財政をよその国の人が聞いたら卒倒するだろう。こんな非常識なことを続けていて心配にならないのかと。

だが日本人はみなそんなことは知っている。日本がこのままいったらとんでもないことになるとなんとなくわかっている。だが、聞かれるとつい「生活が困るから消費税増税は反対」といってしまう。

一九五一年、日本はサンフランシスコ講和条約に臨み、アメリカと日米安全保障条約を締結した。時の首相の吉田茂の判断だった。他国をさしおいてアメリカと単独講和を結ぶことに国内の反発は大きかったが、吉田は押し切った。このことがその後の日本を有利にした。

民主主義は大事な理念であるが、政治における状況判断や意思決定には、高度の知力と経験がいる。優れたリーダーがそれをしなくてはならない。現在の日本では財政再建などは優れて政治家の仕事である。

7 自ら計らわぬ信念の人

——広田弘毅

城山三郎の『落日燃ゆ』を読んで心打たれない人はいまい。

この本は私が三十歳の時、一九七四年に新潮社から出版され、店頭に並んだのをすぐ購入した。私はあの愚かともいうべき先の大戦がなぜ起こり、なぜあれほどの犠牲を払いながら途中で止めなかったのか、学生時代から不思議で仕様がなかったからだ。

歴代首相の中で広田弘毅ほど国の行く末を思い、国民のことを考え、自らの命を投げ出したリーダーはいなかったのではないかと思い、読みながら鳥肌が立つほどの感動を覚えた。

城山は広田の一生を感情を交えずに淡々と描いているが、その広田と好対照として取り上げているのが外務省で同期の吉田茂である。

広田は徹底して「自ら計らわぬ人」だったが吉田は「自ら計る人」であった。

そうした二人の生き方の差がその後の日本をどう変え、二人の人生がどう変わったか、興味深いものがある。

広田は福岡県の貧しい石屋の長男として生まれた。父の徳平は高等小学校を終えたら石屋を継がせるつもりでいたが、息子の出来がよく周囲の奨めもあって福岡一の進学校、修《しゅう》猷館《ゆうかん》に入り、一高、そして東大へと進むことになる。

この間、広田は勉強するだけではなく自分の意志で、禅寺に座禅に通い、町の柔道場にも出かけ、さらに玄洋社で論語を中心とする漢学や漢詩の講義を聴いている。

修猷館では百九名中二番だったし、東大にも入り外交官試験にも受かったのだから相当な秀才である。

■並の秀才とは違う

彼が普通の秀才と違うのは、己を磨こうとして勉強以外の多くのことに時間を使い、常に小さいころから日本のためになろうという大きな志を持ち続けたことである。そして、これからは軍人ばかりでは日本は守れない、国のために優れた外交官になろうと考えたことだ。

広田は中学卒業と同時に名を丈太郎から弘毅に改めているが、これは好きな論語の一節「士は弘毅ならざるべからず」からの命名であり、子どものときから論語を学ぶことで強い覚悟を固めていったことがわかる。

当時の外務省は幣原喜重郎の時代であった。幣原は家柄を重んじ、英語は大の得意で語学の達者な「有能者」には目をかけるがそれ以外の人間には無関心であった。

貧乏な家の出で、英語があまり上手くない広田は冷や飯を食わされることが多かった。

事実、昭和二年にはオランダに左遷される。そのとき広田は「風車、風の吹くまで昼寝かな」と詠っている。

広田には名門と栄誉と社交に代表される外交官生活は親しめなかったし、それがどうしたという気持ちがいつもあった。しかし、オランダに左遷されても腐ることなく、かつてこの国が小国ながら世界を制覇した理由を探ったり、小国として生きる知恵をこれからの日本のために学んだ。

小国から見れば列強がよくわかるということだが、この左遷の時期に学んだことが後々活きてくる。まさに左遷を左遷にするのは己であるといえよう。

広田は夥《おびただ》しいほどの書籍を読んだが、一日の最後は常に論語に目を通すことが習慣だったという。

広田の座右の書は「論語」であったのだ。

一方、広田の同期の吉田は土佐自由民権運動の志士竹内綱の庶子だが、横浜の貿易商の養子となり経済的不安はない。その上、後の内大臣牧野伸顕の娘を妻に迎えている。牧野は大久保利通の次男である。

このような後ろ盾を持つ吉田は生来の性格もあって何かにつけて「自ら計ろう」とする。これに対して広田は元々世俗的な欲望の薄かった性格に加え、敬慕する先輩山座円次郎や無二の親友平田知夫の突然の死などがあり、ますます人生に淡白になっていく。

しかし、「自ら計らわぬ」広田のスタンスが吉田より一歩も二歩も早くその地位を押し上げ、また逆に「自ら計らわぬ」ことが東京裁判での悲劇に繋がる。

■長い左遷時代に培ったもの

広田はオランダに左遷されたが、軍部の台頭と独断専行は広田にいつまでも昼寝を許さなかった。

駐ソ大使時代に満州事変が起こり、上海事変、満州国宣言、国際連盟脱退と急展開していく。

こうした中、外交を舵取りできるのはやはり広田だということになり、「計らわぬ人」のはずが外相に就任し、軍部主導の政治を文民主導に変えていく。

小さいころからの精進と左遷による長い昼寝の間に蓄えた見識が活きてきて、広田は次第に本領を発揮していく。

昭和十年の国会答弁では「私の在任中に戦争は断じてないことを確信している」と強い信念を述べているが、大げさなことは極力控える広田にとっては珍しく熱の入った真剣な言葉であったし、命にかけてもという覚悟の表明でもあった。

しかし軍部の横暴はすさまじく、広田にとって「外交の相手は軍部」とまで言わしめる現実に直面し苦悩する。

広田の戦争を避けようとする必死の工作も実を結ばず、最終的には戦争に突入してしまい、日本は多大の犠牲を強いられることになる。

戦後の東京裁判でその戦争責任を追及されることになるが、自分の立場を有利にしようと他人に泥をかぶせる者がいるなかで、広田は裁判を通じて終始自己弁護せず、むしろ有罪になることで務めを果たそうとしたようだ。

検事団は文官から犠牲者を求めている、そうならば元総理で三度の外相を務めている自分ではないか。そう考え、広田は裁判の中で最初は弁護士を断り、「無罪」を主張することを拒否した。自分には多少なりとも戦争の責任があるという理由からだ。

このような覚悟の行動と自ら計らわぬ性格により、最終的には文官としてはただ一人、絞首刑の判決を受けることになる。

平和を願い獅子奮迅の努力をしてきた男が、その努力を踏みにじり、戦争に駆り立てた軍人たちと同じ刑を受けるとは何という皮肉な運命なのか。

しかし広田は不満めいたことは一切口外せず、刑に服した。

■汚名を着せられても

先の大戦では日本人だけで三百万人が亡くなっている。これほど多くの犠牲を払った戦争の責任がどこにあったのか、私たちは正しく知る必要がある。東京裁判で裁かれたからもうそれでいいというわけにはいかない。少なくとも、なんとしてでも戦争を止めなくてはならないと日夜、知恵を絞り命をかけて戦った広田の汚名はすすがなくてはなるまい。

『落日燃ゆ』を読みながら、日本を戦争に引きずり込んでいった人たちや不当な東京裁判に強い憤りが湧き上がると共に、最後まで何も語らず絞首台の露と消えた広田の、人間としての偉大さに胸が熱くなる。

揺るぎない信念をもっていた広田だが、家族には人間味溢れる豊かな愛情で接していた。名門の子女と結婚し閨閥の力で出世する外交官が少なくない中、広田は貧しい家の娘、静子と結婚した。二人は死ぬまで共に愛し合い尊敬しあった仲であった。

静子は夫の覚悟を察知し、夫の刑を待たずに服毒自殺をしている。夫の未練を少しでも軽くしておくためにも、自分が先に逝って待っているべきだと思ったのだ。

妻の死を知った広田は、その後も家族宛の手紙は最後まで静子宛であったという。子どもたちも父を心から尊敬し、家族の結束も強かった。

このような広田の生き様には「人は正しいことをしなくてはならない」「戦争などで殺し合いをしてはならない」「しかるべき人間は命を投げ出してその責務を果たすべきだ」といった自らの中に積み上げてきた揺るがぬ信念があり、そこが現在の政治の指導者と違っていたのだろう。

8　憎しみのあるところに愛を、悲しみのあるところに喜びを

――マザー・テレサ

マザー・テレサの本名は、アグネス・ゴンジャ・ボワジュで、一九一〇年バルカン半島の中央部のマケドニアで生まれた。商人でアルバニア独立運動の闘士であった父を持ち、優れた神父や修道女と家族ぐるみの付き合いがあり、幼いころから聖職者の存在を身近に感じていたという。

二八年にインドに渡り、四六年に汽車に乗っていた時「すべてを捨てて最も貧しい人の間で働くように」という啓示を受けたという。

四八年からカルカッタ（現コルカタ）のスラム街で、ホームレスの子どもを集めて、街頭で無料授業を行うようになる。五〇年には「神の愛の宣教者会」を設立。次いで「死を待つ人の家」「孤児の家」、ハンセン病患者のための「平和の村」などを作る。趣旨に賛同

した多くのシスターたちが参加した。

テレサは修道会のリーダーとしてマザーと呼ばれるようになる。

マザーがいたカルカッタは「カルカッタを見ずして人口問題を語るな」とまでいわれた都市であった。当時のカルカッタは人口一千万人、人口密度は三万人／平方キロ（東京二十三区の二倍）、スラム人口百万人、路上生活者十万人というひどさだった。ハンセン病患者も三十六万人にのぼった。

その献身的な姿勢とケアする相手の状態や宗派を問わないマザーたちの活動は、世界の注目をひき、インド国外への活動にも繋がった。マザーが亡くなったとき、神の愛の宣教者会のメンバーは四千人を数え、百二十三カ国六百十カ所に広がる活動になっていた。

七九年にノーベル平和賞を受賞したが、その式典でもいつもの質素なサリーを身にまとい、次のようなスピーチをした。

「私は平和賞には値しません。でも誰からも見捨てられ、愛に飢え、最も貧しい人たちに代わって賞を受けました。晩さん会は不要です。その費用を貧しい人たちのために使ってください」

彼女にとってノーベル平和賞など、どうでもよかったようだ。自分は「神の愛の宣教者会」の一員に過ぎないと考えていた。

■揺らがない心はどこから

それにしても、マザーとシスターたちが、豊かな家と愛する家族を捨て、貧しい人と同じ生活をしながら働くことができたのはなぜだろうか。

彼女は「聖なるものになろうと決心することが大切で、そういう気持ちが自分たちを神に近いものにしていく」と言う。しかしそれは簡単なことではない。もちろん決心することは誰でもできるが、その決心が揺らぐことはいくらでもある。というかほとんどの人は揺らぎ、違った方向に行ってしまう。

マザーはどうして揺らがず初心を貫けたのだろうか。

マザーでも揺らいだときはあるだろう。しかし彼女にはキリストがそばにいた。何かに迷ったとき、苦しい時、祈ったときにキリストがいたのだ。そのことで初心に立ち返り貫き通せたのではないだろうか。

人は弱い存在である。しばしば迷うし欲も出る、わがままにもなる。そんなとき心を鎮め、きちんとした場所に自分を戻してくれるもの、それは神を信ずる心なのかもしれない。

マザーは「私は社会福祉や慈善のための活動なら、家も愛する家族も捨てなかった。私はキリストのためにしているのです。神に捧げた身ですから」と言っている。

私はこの本を「こんなリーダーになりたい」と思って書いているが、マザー・テレサに限っては「こんなリーダーになれない」というのが本音である。

それにしてもマザーほどではないにせよ、歴史に刻まれるほどのリーダーとなった人には共通して、マザーのいう「神に捧げた身」といった宗教心にも近い「無私の思想」がある。

■修道女にしておくにはもったいないビジネスセンス

マザー・テレサは「貧しき人のために行動を」といった高い志を持っていただけではなく、なかなかのアイディアマンでもあった。

ローマ法王パウロ六世がインドからの帰国時、自分の儀礼用のリンカーン・コンチネンタルをマザーに贈ったことがある。彼女はこの十万ルピー（当時のレートで三百万円）の自動車を賞品に、百ルピー（三千円）の宝くじを発行し、五千枚（千五百万円）を売りさばき、そのお金を貧しい人のために使った。

　また、インド国内の移動が多いので、その節約のために、自分が即席スチュワーデスをするので運賃を無料にして欲しいと航空会社に頼み込み、さすがに航空会社は断ったものの、その後は彼女の航空運賃を取らなくなったという。

　さらにマザーは、航空会社に掛け合って、機内食が残った場合、孤児たちのために払い下げてもらうなど、さまざまな知恵を出し活動の幅を広げていった。

　マザーの会の活動拠点の驚異的拡大といい、斬新なアイディアといい、修道女にしておくにはもったいないほどの経営能力があり、マザーが経済界にいたら、さぞかし優秀なビジネスウーマンになっただろうと思う。

　その活動を見ていて驚くべきことは、マザーやシスターたちに気負った気持ちも悲壮感もないことだ。

　マザーは神に祈った。「主よ、私をあなたの平和の道具としてお使いください。憎しみのあるところに愛を、悲しみのあるところには喜びを、争いのあるところには許しを、絶望には希望を、理解されることよりも理解することを、愛されることより愛することを」

　このような考え方を少しでも経営者や管理者が持ち合わせてくれれば、どれほど組織が活性化するであろう。

それにしても、どうして自分を捨てて貧しい人、体の不自由な人のために尽くせるのだろうか。

■充実感がある

日本人の商社員の奥さんが、マザーの仕事のボランティアに数人参加していた。自分の生活の中で無理のない範囲で貧しい人たちに食事を出すお手伝いをする仕事であった。この人たちがインタビューに答えて「私たちはマザーのために協力しているのではありません。ボランティアが終わった後、困っている人たちのために働くことができたという充実感と爽快感があり、そういう気持ちを味わうために手伝っているのです。これは自分のためにしているのです」と述べた言葉には重みがある。

私自身は、長いビジネスマン生活の中で「人は自分が仕事を通じて成長することと、誰かのために貢献する喜びのために働く」という信念を持ったが、ボランティアの奥さんたちはまさに貢献する喜びを感じて行動しているのだ。

一九八一年四月、マザーは来日し、一週間日本に滞在し、七十歳とは思えぬほど精力的に会合や講演会に臨み、過密スケジュールの合間を縫って、東京台東区の山谷地区、大阪西成区のあいりん地区を訪問した。

「私はこの豊かな美しい国で、孤独な人を見ました。この豊かな国の大きな貧困を見ました。人間にとって最も悲しむべきことは病気でも貧乏でもありません。物質的な貧しさに比べ、心の貧しさは深刻です」

あれから三十年たち、現在の日本はその物質的豊かさすら脅かされているが、世界的レベルでみればそれほど嘆くこともない。問題は心の貧しさの方である。

人が困っているときに手を差し伸べない、周りで悩んでいる人の話を聞いてあげないといった人間関係の希薄さが、さらに進んでいる。

誰もがマザーのようにとは望むべくもないが、せめて普通の思いやりのある社会でありたい。

9　男子の本懐

――浜口雄幸

一九二九年（昭和四年）、田中義一内閣が張作霖爆殺事件の責めで異例の形で総辞職した後を受けて、首相に就任した立憲民政党の浜口雄幸《おさち》は、政治空白は許されないとして電光石火、わずか一日で組閣を行った。

難問山積みであったが、その風貌から「ライオン宰相」と呼ばれていた浜口は、その名にふさわしい勢いで日本の政治のかじ取りを断行した。

内閣の喫緊の課題は財政の再建と経済の再興、そして軍縮の実行。

経済問題の、なんといっても最大の課題は、十二年間、八代の内閣が手つかずであった金解禁であった。

第一次大戦の勃発で経済が混乱し先行きの不安に備え、各国はとりあえず国内に金を温存しようとして金輸出禁止を行っていた。ある国で輸出超過が続けば、経済代金として外国から金が流れ込む→金の保有量が増大→通貨増発→国内物価上昇→輸出減→輸入増→輸出入のバランスが取れる、という循環が生ずる。

つまり、各国が金本位制をとれば、各国経済が世界経済と有機的に結ばれ、国内物価と国際物価が連動し、自動的に国際経済のバランスが取れるということになる。金本位制は火の利用と並ぶ人類の英知ともいわれた。

一九二二年、ジェノバで開かれた国際会議で金本位制復帰が決裁され、ぞくぞく解禁に向かった。一九二八年のフランスでほとんどの国が解禁終わり、残すはスペインと日本だけとなったが、安定装置を持たない日本は通貨不安定国で、為替相場は国内外の思惑で乱高下する。為替差益を狙う投機筋が暗躍し地道な生産や貿易に従事するものは痛手を受け、倒産するなど経済は低迷していた。

■国民に不人気な政策でも

しかし、金解禁とは金の輸出禁止措置を解除し、金の国外流出を許すことであるため、金が国外に出ないような政策、すなわち大胆なデフレ政策が必要となる。そのため財政の緊縮や軍縮などを断行し、国内物価も引き下げておく必要があり、多くの人々の痛みをともなう不人気な政策である。

政治家の売り物は、常に好景気。古来、「デフレ政策を行い命を全うした政治家はいない」ともいわれていた。ましてやこのときの最大の難敵は軍部と右翼であった。

しかし浜口は国の経済再建と軍縮実現のために金解禁に命を懸けた。

六人の子どもと妻に「すでに決死だから何事か起こって中途で倒れるようなことがあっても、もとより男子として本懐である」と説き、妻の夏子に家の財産を説明し、財産目録や関係書類を渡したが、このとき浜口は相当の覚悟をしていたのだろう。

この一大事を実行するに当たり、大蔵大臣に元日銀総裁の井上準之助を選んだ。浜口はこれを共に戦えるのは井上しかいないと考えていた。手放しの解禁論者ではなかったが、浜口に会いその無私の思想と国のために命を捧げようという覚悟に打たれ、共に命を懸けることを誓った。

この浜口という男は本当に変わった男である。一八七〇年（明治三年）、高知県長岡郡五台山の林業を営む水口胤平の三兄弟の末子として生まれる。長兄とは十六歳、次兄とは八歳も離れていたことや元々山村で友だちもいない環境の中で、幼いころから孤独の時間が多かったことが、無口な浜口をますます寡黙な少年にした。無口なうえに無趣味、遊ぶことが苦手。鎌倉に別荘はあるが、行くのが面倒だと考える。

浜口は自らを分析した。
一　余は極めて平凡、しかし自らその本分と信ずるところに向かい全力を傾注し、ほとんど余事を顧みるだけの余裕がない。
二　余の生立の環境は余をして黙座瞑想に傾かしめた。
三　余は無精――物臭太郎――なる性癖であるが、現代の青年は余りに多くの趣味道楽に耽っている。
世間からは浜口の趣味は政治だと言われたが、彼は「政治は趣味道楽ではない。政治ほど真剣なものはない。命を懸けてやるべきもの」と言っている。

■左遷に続く左遷

浜口の最大の特徴はその無欲さと左遷不遇の時期の長さである。

大蔵省には入省したものの上司とぶつかり、ずっと日の当たらない部署を経験。そして専売局長官となった。

そのとき半年間の洋行を勧められたが、高齢の義母に不安な思いをさせたくないという理由で断っている。

初代満鉄総裁を務めた後藤新平は、浜口の国会答弁に見る堂々たる見識から、責任感があり謹厳寡黙で惜しみなく働く男と感じ、満鉄の理事にと口説くが、浜口は専売局長官として、当時猛反発にあっていた塩田整理の仕事を投げ出すわけにはいかないと固辞。当時満鉄の理事といえば中央官庁の次官以上のポストであり、俸給も十倍以上であったのにである。

明治四十一年、第二次桂内閣で後藤新平は逓信大臣となり、浜口に次官ポストを用意したが、これも断った。大蔵省では先が見えており、この話に乗った方がいいと誰もが思ったのにである。

大正三年、第二次大隈内閣では、若槻礼次郎が大蔵大臣となったが、なんと浜口を次官に起用した。入省以来左遷に続く左遷。地方回りと外局勤務。省内の主流を歩まずコースを外れた回り道ばかりだった浜口が、四十四歳にして大蔵次官である。彼の人間としての大きさを見抜いていたのは後藤新平だけではなかったのだ。見ている人は見ていたのだろう。

その後、政治家志望であった浜口は、高知県から選挙に出馬し当選。が、次の選挙は落選の憂き目をみる（のちの補欠選挙で当選）。

その間、立憲同志会（後の憲政会）の党事務員となり、党の事務所に毎日通い、党の政策立案や運営に貢献した。

浜口の染み入るような誠実さは広く知れ渡るようになる。あるとき渋沢栄一は東京市長選に出るよう促した。が、浜口は憲政会が逆境にあるときに見捨てられないとして断っている。自分の利害よりも組織を考えるという、今も当時も珍しい政治家であった。

■命を懸ける気概があるか

そして昭和二年立憲民政党の党首となり、昭和四年ついに首相となる。

この年の予算編成は金解禁に備えての徹底的な緊縮予算の策定をしなければならなかった。経費は原則一割カット、陸海軍省予算は大幅に削減、公債は発行しない。そしてそれらの前提として金解禁を断行。海外はこれを高く評価するが、軍部、右翼、枢密院を中心に猛反発が生じた。

しかし経費削減の中で、特に機密費を三割削減したことは世の高い評価に繋がった。東京朝日などは「削りとられた暗い政治の費用。記録される浜口内閣の善政。機密費三割削滅の英断」と四段抜きの記事にしたほどだ。

その当時、世間の政治家への評価は決して高くはなかったが、政治を大切だと信じているものとしてそのレベルを高めたいというのが浜口の念願でもあった。

しかしこうした浜口の断固やり抜くといった行動への反発もあった。昭和五年十一月、東京駅で三メートルの至近距離からピストルで狙撃される。駆けつけた医師の「大丈夫ですか」という問いに浜口は「男子の本懐です」と答えたという。

何度かの手術で命は取り留めたが、その後悪化し翌年の八月に亡くなる。

日比谷公園での葬儀、久我山から日比谷までの沿道、別れを惜しむ人垣で霊柩車はスピードを時速十キロに落とさなくてはならなかったという。党葬ではあったが、およそ二千人が出席。その後、一般参列も行われたが、数万の民衆が殺到し、老人子どもの悲鳴が聞かれたという。

今となっては、果たして浜口が行ったデフレ政策や金解禁が正しかったのかは歴史の検証が必要だろう。しかし、政治や経済を自分の目で見、人の意見を深く聞き、予断なく決め、決めたら命を懸けてでも——実際彼は命を失ったが——という政治家が日本の歴史の中にいたことを知るとき、私は救われるような気がする。

10　命もいらず名もいらず
——西郷隆盛

最近の日本の政界や経済界を見ていると真のリーダーといえる人が極端に少ない。例えば政治では人をひきつけるような、これはという首相はほとんど登場しない。どうして現代はそういう人がいないのか？

日本の近代史上、圧倒的な存在感を持つ大丈夫、英雄といえば西郷隆盛であろう。

薩摩藩の下級武士の家に生まれた西郷は名君島津斉彬《なりあきら》に見出され藩の改革などを指揮しその実力を発揮するも、斉彬亡き後の久光に疎んぜられ三十二歳から三十七歳まで奄美大島、沖永良部《おきのえらぶ》島に流刑となる。しかし薩摩藩家中での西郷の人望は厚く、呼び戻され、薩長連合軍を率いて明治維新において大いなる貢献をし、木戸孝允、大久保利通と共に維新の三傑といわれている。

明治政府設立後は政府内には留まらず、さっさと郷里の鹿児島に帰るが、維新の総仕上げである廃藩置県を実行するに当たり、政府内にはそれができる人材が見当たらず、三条実美《さねとみ》らは再び西郷を呼び寄せ、西郷はわずか四カ月でこれを断行した。

坂本龍馬は西郷を「小さく打てば小さく響き、大きく打てば大きく響く」と表現したが、江戸城無血開城に貢献した勝海舟によれば、坂本龍馬が西郷に及ぶことができないのは「その大胆識と大誠意」にあるとした。

戊辰戦争での敗軍の将である庄内藩・酒井忠篤《ただずみ》への西郷の丁重な接し方に感動した庄内藩士十数名が鹿児島を訪れ、西郷の考え方を学び「南洲翁遺訓」を著わしたが、その中に西郷を表すのにふさわしい一節がある。

「命もいらず名もいらず、官位も金も要らぬ人は始末に困るものなり。この始末に困る人ならでは、艱難《かんなん》を共にし国家の大業はなし得られぬなり」

どうして木戸も大久保も岩倉具視、伊藤博文も誰もがなれない、大きな器のリーダーに西郷がなりえたのか。

■どこまでも欲がない人間

人間はみな欲を持って行動する。例えば薩長藩のトップたちは幕府を武力で壊滅させたほうが好都合と考えていたに決まっている。そして新政府ができればできるだけ自分がその中で権力を握りたいと考えてしまうものだ。

しかし西郷は勝の訴えを聞いて江戸城攻撃を自分の一存で中止し、無血開城をしてしまう。

さらに新政府ができたらその中枢のど真ん中の地位に座れるのに、それを捨ててさっさと郷里へ帰ってしまう。度胸の良さ、大きな包容力に加えその欲の無さは類を見ない。

西郷は人間は訓練で己を高めようと思えば、どこまでも大きく高くなれ、小さくなればどこまでも小さくなれると考えていた。

人の生きる目的は「道を行うこと」「人はみな聖賢を目指して高めるべき」と考えていた。

なぜ西郷がこのような考え方を身に付けたのか。もちろんもともと西郷が持っている資質でもあろうが、それを決定付けたのが三十二歳からの遠島に流された逆境の五年間ではないかと思う。

島流しのとき彼は佐藤一斎の「言志四録」を持っていった。この書物は佐藤一斎の哲学、思想、人生観を朱子学に基づき著わした千百三十三条からなる四十二歳から八十歳までの言行録だが、西郷はそのうち百一条を選び出し携帯できるようにして自らの考え方や行動の指針とした。

西郷が選んだ百一条は「道を行い聖賢たらんとする」彼の脈々たる闘志があふれ出ている。これが「南洲手抄言志録」であるが、島流しの五年間、西郷は繰り返し繰り返し何百回も読みかつ考え、それを自らの体の中に叩き込んだのである。

■訓練によってなるものか

西郷は人の生きる目的は「道を行うこと、聖賢を目指すこと」と考え、それを訓練によって実践し、明治維新の抜きんでたリーダーになった。

それではどうしたらそのような「聖賢」になれるのか。西郷が言うには心を無にして先入観を捨て誠意を持って聖賢の書を――例えば論語や孟子を読み、彼ら聖賢の考え方や行動ができるように何度も試みるのだという。

人間は訓練によってそれができることを西郷は自ら証明したわけだ。

西郷が生涯に読んだ本の数はおそらく例えば私が読んだ数の百分の一にも満たないだろう。

それなのにあれほど優れた人間力、リーダーシップを身に付けたのだ。

私はある新聞のコラムに「多読家に仕事のできる人は少ない」と書いたことがあるが、やたらに知識を積み重ねるよりも数少ない本からでも覚悟を持って自分の生き方、考え方の座標軸を作れる人のほうが、よほど人間ができていくというものだ。

私は何度西郷の本を読んでももう一つよくわからないことがあって、それは西郷の思想の根っこにあった「敬天愛人」の考えにどうして彼が至ったかということだ。

西郷は「南洲翁遺訓」の中で「天地自然」という言葉を何度も使っている。

人の道を行うことは天地のおのずからなるものであり、人はこれにのっとって行うべきであるから何よりもまず、天を敬うことを目的とすべきである。天は他人も自分も平等に愛したもうから、自分を愛する心をもって人を愛することが肝要であるというのだ。

人間は天地自然、大宇宙の一部として存在しているのであって、そこから離れて独立していない。自分の身体は天の命を受けてこの世に生まれたもので、死生の権利は天にある。素直に天の命を受けるべきだという。

■自分ひとりが助かって

西郷がこのような考えに至ったのには背景があるようだ。

薩摩藩の朝廷工作に関わっていた京都清水寺成就院の住職だった月照《げっしょう》に、井伊大老の安政の大獄により身の危険が迫った。薩摩藩は幕府を恐れ月照を見放そうとしたが、西郷はそれまでの月照の働きに対してあまりにひどい仕打ちと憤り、月照と共に投身自殺を図る。月照は死ぬが西郷はかろうじて助かる。自分ひとりが生き残ったことで西郷は気も狂わんばかりに悩みぬいた末、「こうして自分ひとりが生き残ったのは、まだ自分にはやり残した使命があるからだ。だからこうして天によって命を助けられたのだ」ということに思い至る。西郷は自分が天によって生かされているという、天命への信仰に目覚めたのだ。

西郷が明治維新の他の指導者とはっきり違うところは「生きる目的は道を行うこと」と考えたことで、人間が物欲をコントロールして人の道を行うことは天地自然の道と一体となることに思い至ったことである。

天は人も我も同一に愛したもう故我を愛する心をもって人を愛する。「敬天愛人」の哲学は釈迦、キリスト、孔子が到達した境地だが、天地自然・大宇宙の法則の中に人間のあるべき生き方を見出している。人を相手にせず天を相手にせよといっている。

こうして西郷の足跡をながめてみると、現代は優れたリーダーがいない理由がわかるような気がする。

ひとつの理由はリーダーになるべき立場の人に真のリーダーの要件が欠落しているからではないか、つまり人の上に立つ人の合格基準に知識やスキルの方が重要視されていて、人間としての気高さや美しさが入っていないからではないか。

またあまりに情報過多で落ち着いて本を読まない、落ち着いて自分の人生を洞察しない、忙しすぎてじっくり自分や社会を見直す時間が無いということも大きい。

現代は混迷を深め、みな閉塞感に陥っている。このようなときこそ西郷が求められているのに。

11　散るぞ悲しき

――栗林忠道

栗林忠道は、一八九一年（明治二十四年）長野県松代の生まれ。長野中学を出て陸軍士官学校などを経て陸軍大学校に進み、次席で卒業する。

卒業後、アメリカに駐在武官として渡るが、フランス・ドイツ志向の多い当時の陸軍内では少数の知米派である。国際事情にも明るく、経済力や軍事力で圧倒的に優位な米国を知り抜いていたため、対米開戦には終始批判的であった。

一九四四年（昭和十九年）六月、陸軍中将であった栗林は、硫黄島防衛の任務に就く。

硫黄島は、赴任直後に陥落したサイパン島と東京のちょうど中間地点にあり、米軍がここを奪取すれば、B29は直接東京の空襲が可能という枢要な位置にある。ここを守りきり、首都東京を大空襲にさらさないことが栗林の任務であった。栗林には米軍を釘づけにして、時間を稼いでいる間に終戦交渉を進められるのではないか、と期待していたところもあった。栗林の作戦は「勝つこと」ではなく「一日でも長く持ちこたえること」であった。

硫黄島は五日間で落とせると米軍は考えていた。事実、それまでのサイパン、テニアン、グァムなどあっという間に米軍の手に落ちた。その硫黄島を栗林は三十六日間も持ちこたえさせたのだ。

米軍の死傷者二万八千六百八十六人（戦死六千八百二十一人）、日本側の死傷者二万九百三十三人（戦死一万九千九百人）と、死傷者の数は米軍のほうが多かった。

日本軍の三倍以上の兵力および絶対的な制海権・制空権を持ち、予備兵力・物量・補給線すべてにおいて圧倒的に優勢であったアメリカ軍の攻撃に対し、これほどの戦いを見せたのである。

ベストセラー『硫黄島の星条旗』（文春文庫）を書いたジェイムズ・ブラッドリーは「アメリカを最も苦しめ、それゆえにアメリカから最も尊敬された男」と栗林を称賛している。

アメリカの国立アーリントン墓地には、六名の海兵隊員が硫黄島の摺鉢山の山頂に、星条旗を押し立てているモニュメントが設置されている。硫黄島の戦いにおけるアメリカ兵の死傷者の多さはメディアによってアメリカ中に報じられ、この戦いはアメリカの負け戦ではないかとまで言われた中で、やっと陥落させたときのアメリカ軍の感動を表している。
このような奇跡的とも思える戦闘をなしえたのは、栗林の抜きんでたリーダーとしての力量ゆえである。

■合理的な判断

栗林が優れたリーダーであったのは、第一に冷徹に現実を把握したこと、第二にその現実に基づいた正確な目標設定をし、かつその確実な実行を成しえたこと、そして最後が二万人という大軍の全員を一つに束ねる人間力があったことである。

栗林が硫黄島に着任し、最初にしたことは、自らの足で島の隅々まで見て回り、地形と自然条件を頭に叩き込んだことである。

そして過去、日本軍が常道としていた米軍が上陸したところを集中的にたたくという水際作戦が、この島では不利なことに気づき、他の作戦——島中、地下十メートルに坑道を掘り、全長十八キロにおよぶ地下要塞を作り上げ、米軍を上陸させたあとに攻撃する作戦——に切り替えた。

さらに栗林は、兵士たちに日本陸軍のお家芸の「バンザイ突撃」による玉砕を厳禁した。

「バンザイ突撃」はどうせ勝ち目は無いから、捕虜になるより美しく死のう、という個人の美学によっている。栗林は自分たちの目的はできるだけ戦局を長引かせ、一人でも多くの敵を殺すことであると考えたので簡単に死ぬことを許さなかった。それが栗林が兵に配布した「敢闘ノ誓」であった。

こうしたことは、目の前の現実を直視し、合理的に考えさえすれば、当然行き着く結論であった。観察するに細心で、実行するに大胆であることは、リーダーに求められる資質である。

■指揮官は常に最前線に立つべし

栗林のリーダーシップの源は現実把握力と正しい目標設定とその実行であったが、もう一つ彼のリーダーとして抜きんでていたところは、上に立つものとして必要な人間性であった。

硫黄島に着任早々、住民八百人を疎開させたが、これは関係のない人々を戦火に巻き込んではならないという配慮である。

この硫黄島は、わずかに二十二平方キロメートル、世田谷区の半分足らずの島であるが、最大の問題は摂氏六十度にもなろうという暑さと、水は時々降るスコールを貯めて飲むしかないという慢性的水不足であった。

栗林は「水の一滴は血の一滴」とし、将校の特権を許さず、将校も兵士も同じ量の水とし、食事についても上下区分なし。自分も含め、皆同じ食事とした。

栗林は司令官として、もっと安全な二百七十キロ日本寄りにあった父島で指揮をとっても良かったのだが、彼は部下が守る硫黄島に陣を構えた。

指揮官は常に最前線に立つべしというのが、信条だったからだ。

栗林には部下と運命を共にするという明確な意思があり、それがすべての兵に伝わっていた。兵と同じ食事をとり、兵と同じ一日水筒一杯の水しか使わずという姿を知って「この司令官に付いていこう」と全軍の気持ちは一致し、士気を高めた。

兵と共に突撃して死んだ指揮官は、陸軍の歴史の中で栗林のみである。

■家族への手紙、決別の電報

もう一つ栗林の特徴は、軍人であると同時によき家庭人としての姿で、このことは、家族への手紙によって知られる。栗林は着任してから敗れるまでの約八カ月の間に、家族に四十一通の手紙を出している。

どの手紙も心配を懸けまいとする無事を伝える文章から始まり、冒頭の一文は多くが「御安心下さい」で結ばれている。妻の義井、太郎、洋子、たか子という三人の子どもたちへ、留守宅の心配や生活の注意など、几帳面で情愛溢れる家族思い、子煩悩な人柄を彷彿とさせる内容である。

特に着任のとき九歳であった末っ子のたか子に対する文章では「たこちゃん」と呼んでことのほか可愛がっている。

二万余の兵を束ねる最高司令官が手紙――といっても内容は実質的な遺書であったが――で子どもたちにやさしく語りかけ、出征前に処置しようとしてできなかったお勝手の床板の隙間風を気にしたりしている。

家族を大切にする男だったからこそ、戦場では、目下の者にも気さくに接し、さまざまな局面で、部下に配慮ができる異色の指揮官だったのであろう。

昭和二十年三月十六日、栗林は最後の決別電報を大本営に打電している。その最後を「国のため、重きつとめを果たし得で、矢弾尽き果て散るぞ悲しき」と結んでいる。国のために死んでいく兵士を栗林は「悲しき」と言わずにはおれなかった。しかし国運を賭けた戦争のさなかにあっては許されないことだったようだ。この「散るぞ悲しき」は新聞報道では「散るぞ口惜し」として伝えられた。

エリート軍人たる栗林の、いたずらに将兵たちを死地に追いやった軍中枢部へのギリギリの抗議の表現でもあった。

栗林は知米派で開戦に批判的なこともあって、中枢部から遠ざけられ、万に一つも勝ち目の無い硫黄島に出されたという。もし、彼のような国際感覚に優れ、現実直視ができるリーダーが大本営にいたら先の戦争も変わっていただろうと悔やまれる。

12―重荷を負うて遠き道をゆくがごとし

――徳川家康

戦国時代のリーダーと言えば、織田信長、豊臣秀吉、徳川家康の三人が代表的人物として取り上げられるが、先般、ある週刊誌の「日本の歴史上のリーダー・ランキング」というような著名人に聞いたアンケートでは、家康がトップであった。天下を安定させ、二百五十年以上に及ぶ揺るぎのない幕藩体制を築いた実績から考え、この結果はうなずける。

家康は目標を掲げ、努力と忍耐を重ねた英雄であるが、そのリーダーとしての優れたところは三点である。

まず第一は、海道一の弓取りで、戦いでは極めて有能な第一線の指揮官であったこと。第二は事に当たって、常識人で、律儀者で、忍耐力があったこと。第三に抜群の統治能力の高さと経済的センスが豊かなことである。

家康は毛利元就に多くを学んだと言われている。が、私から見れば、厳島合戦で敵将陶《すえ》晴賢《はるかた》が派遣したスパイを反対にだまし、陶氏を亡ぼした後、尼子を攻め、七十五歳で世を去るまで二百六十六戦不敗の五十五年間を送った元就の方が、その調略と持続力で家康をはるかにしのぐものがあった。

しかし、家康の偉大な歴史的実績の重さと比べ、元就の器量は、影が薄くならざるを得ない。

■武勇だけでは優れた将にはなれない

家康の強みのまず第一は武力である。織田信長に敗れた今川氏から独立した後の行動を見ると、彼の考え方の基本は「武」であったことがよくわかる。

戦国時代を生き残るには様々な能力が必要とされるが、まず第一に大事なことは戦に強いということ。三河一向一揆における戦いぶり、武田信玄との三方ヶ原の戦いで見る家康は、文字通りの「猛将」であり「闘将」であった。

家康は常に正々堂々の正攻法で臨み、その野戦指揮官としての実力は諸侯の認めるところであった。だが武力、武勇だけでは優れたリーダーとは言えない。世の中を治めるためにはそれなりの知恵というか、バランス感覚がいる。

信長の場合は、登用の基準は完全に能力主義である。途中入社の明智光秀も、足軽出の秀吉も出世させたが、子飼いの柴田勝家などは極めて不満であったようだ。

家康の場合は、常識的というか、バランス感覚があり、三河譜代も、能力ある外様の家臣もどちらも上手く使う。四天王でいちばん石高の多い井伊直政などは途中入社であったし、信玄の遺臣も有能な武将であればスカウトした。

生前の家康の評価は「律儀者」であった。織田信長との織徳同盟を、彼は律儀に守り通し、そのため正室の築山殿を殺し、嫡男の信康を切腹させたこともある。また家康には秀吉を謀殺できるチャンスが幾度もあったが、決してそれはしなかった。

元就と違って常に正攻法、常に大義名分を大事にした。秀吉に従い、北条氏を攻め滅ぼした小田原陣後、秀吉に関東移封を命じられた。

慣れ親しんだ三河を捨てるということの命令に対し、臣下の者は反発したが、家康は文句ひとつ言わずに、七月十三日から八月九日までの間にすべての移封を敢行した。

この決断の速さと思い切りのよさに、さすがの秀吉も驚愕したという。自分より強いものに従うことは、戦国時代の常識であったし、家康は常識通りに動いたまでである。

のちに、関ヶ原の戦い後、淀君やその周囲の家臣たちが、家康の様々な要求に反発し、戦いを挑み自滅したが、家康からみれば「強いものに従う」ことができない常識のない者に思え、哀れみを感じたことだろう。

■日本で成功するタイプのリーダー

家康はリーダーとしての基本的な能力と性格を持っていたが、特にその「統治能力」と「経済的センス」には特別なものがあった。

まず統治能力の高さについて。家康は八歳から十九歳まで今川家の人質になったが、この間、彼にとっては、生命が保障され、安全な生活のもとで、じっくり勉強ができた時期でもある。

家康にとっての学問とは、実学であり、雪斎の教えを受け、さまざまな学問を修めていった。「吾妻鏡」を愛読し、「貞永式目」、「建武式目」を基本に、「今川仮名目録」を加えた法治主義を学習していく。藤原惺窩《せいか》からは「貞観政要」の講義を受け、法律、政治、軍事、財政等、統治者の実学を学んでいく。

のちに制定した「武家諸法度」、「禁中並公家諸法度」、「寺院法度」などは、この時代の成果であろう。

無法が横行した戦国時代から近世日本の社会のもとを作った実績には、この時代の学習効果が大きく、信長、秀吉、家康の三人の中で、家康ほど日本の法制史と中国的な政治学に関心を持ったものはいない。

家康はいわゆる教養主義的な学問にとらわれず、学ぶべきことと、それを学び取りかつ活用する方法を探求していた。こうした面では天才と言える。

家康はある意味、日本で成功するタイプの典型ともいえる。決して「おれが、おれが」とは出しゃばらない。ある程度事が成って、征夷大将軍になれという人がいてもずっと受けなかった。いつも現実的で実際問題から手を付ける。世論や大義名分を、つまりコンセンサスを大事にして、そこであわてず「待ち」に徹する。

それを桶狭間出陣の十九歳から、七十五歳で死ぬ前の年に大坂城を始末するまで五十五年間続けたのだから、超人ともいえよう。

■経済人としての目の確かさ

もうひとつ、家康の特長は、経済人としての能力が高いということである。

基本的に、華美嫌いで質素。言うなればケチであったからよくお金が貯まる。

北条氏を攻め滅ぼした後、秀吉に関東移封を命じられた。「自分より強いものには従う」という家康の哲学でもあったが、それよりも、北条氏は、五代百年の善政を敷き、年貢は武田信玄の七公三民に対し、四公六民であり、経済統一がなされ、永楽銭を関東の通貨としていた。そうした肥沃な関八州の経済的価値を見抜いた家康の「経済人としての目」の確かさは尋常ではない。

家康は伊奈忠次を代官頭に任じ、河川の整備、街道・港湾の整備、農地の開拓に着手し、予測通り豊かな土地を手に入れることができた。彼は政策家にして、政略家である。政略家とはあらゆる権謀術数を弄して権力獲得に走る最短コースを知っている。

政策家とは人民の潜在的願望を知り、最も少ない犠牲でそれを達成する手段を知っているものである。

天下の人々が、潜在的に何を望んでいるかをよく知り、それを政策の上で実現する手段を知っていた。人々は戦いはもうたくさん、平和な政治的体制の下で生存する権利を保障してほしいと考えていたが、そうした社会を築き上げる達人であった。

譜代・外様の配置、尾張・紀伊・水戸御三家の創設、参勤交代、貨幣経済の導入など安定社会の礎を築いていった。

　また野盗の横行していた戦国時代に対し、女の一人旅ができ、芭蕉が丸腰で旅行できる法治社会を作ることができた。

　家康は、情に溺れず、自己規制を貫き、信長、秀吉のような理屈に合わない行為はせず、至難なことを忍耐強く生涯継続した。身体が大事と健康法を心がけるとともに、「統治には強い権力が必要、政権維持には善政が不可欠」ということを徹底した類稀なるリーダーであった。

こんなリーダーになりたい Ⅱ

【成功は自己の内面にあり】

1　己の信頼残高を高めよ

——スティーブン・R・コヴィー

一九九六年に出版された『7つの習慣』は、「人生を幸福に導く成功哲学」であり、世界で二千万部を超えるというビジネス書としては例を見ない売上を記録した。英国のエコノミスト誌によると、著者のスティーブン・R・コヴィー博士は「世界で最も影響力のあるビジネスの思想家」である。私は東レの取締役になった二〇〇一年にこの本を読んだ記憶がある。

本のコンセプトを一言でいうと「人を真の成功と幸福に導くものは、優れた人格を持つことであり、自分自身の内面（インサイド）から外（アウト）に働きかけることである」「成功するには原理原則があって、その原理原則を繰り返す行動をとり続ける習慣をつけることが成功するための条件」であり、ここで挙げた七つの習慣が真のリーダーを育て上げていくことになるという。

このコヴィー博士が優れたリーダーであるかどうかは別にして、『7つの習慣』は優れたリーダーになるために、何をすべきかを明示している。

七つの習慣のうち、第一から第三までの習慣は、自己克服と自制に関連した習慣で、この三つは人格を形成するいわば「私的成功のための習慣」であり、次の第四から第七までの「公的成功のための習慣」とは区分される。

七つの習慣の第一は、効果的な人生を営む最も基礎的な習慣として「主体性を発揮すること」、つまり人生の責任は自分で引き受ける「自己責任の原則」としている。

いやいや仕事をするのも、喜んでするのも、すべて自分の選択であり、この自らの反応の仕方を主体的にコントロールし、周りの状況に左右されることなく、率先して状況を改善する行動を起こすことがまずもって、求められる習慣である。

自分の人生は自分のものであり、結婚するのも、仕事を選ぶのも、つまるところ自分であり、そうである以上、そのことに責任を持たねばならない。

第二の習慣は、人生の最後の姿を描き、今日という日を始める。つまり「目的を持つ」ことである。コヴィー博士は「マネジメントは物事を正しく行なうことであり、リーダーシップは正しい事をすることと」という。

■ミッション・ステートメントを書き出せ

つまりリーダーになるために、「正しい目標を設定する」ことが前提になる。そのために「ミッション・ステートメント」（個人的な信条、目標設定）を常に書き出し、自分と他者に確認しなくてはならないとしている。

私は、「自分とは何者であるのか、どう生きたいのか、どんな働き方をしたいのか」を見据えることには決意と覚悟がいると考えている。

それが座標軸としてあって、はじめていろいろなことがスタートする。

私は四十代の半ばから、一年に一度、年末年始という一番区切りのいい時に「年頭所感」というものを書いていた。今年はどのような考え方で、何をするかというものを、毎年書き出し、一月四日に出社したとき、部下などしかるべき人にそれを発信した。

一緒に仕事をする人には理解してもらわなくてはならないし、人に伝えるということは、責任が生ずることでもあるからだ。

そして第三の習慣は「何が重要かを正しく把握する、自己管理する習慣」である。

リーダーシップは、重要事項は何かを正しく決めること。マネジメントはそれを正しく実行することである。

自己管理する場合には、誠実さが求められる。誠実さとは、言い換えれば、自分自身の中におく価値のレベルといえる。自分の決意や約束を守る力であり、言行を一致させる力である。人格主義の基礎的な原則であり、成長の本質といえる。

■公的な成功は私的成功のうえに成り立つ

コヴィー博士の七つの習慣のうち、いま紹介した第一から第三までの習慣は、私的成功のための習慣であるが、次に第四から第七までの公的成功のための習慣について触れたい。公的成功は「効果的な相互依存」のことをいうが、これは第一から第三の私的成功、すなわち真の意味での「自立」がなければ成り立たないという。

ところでこの公的成功のためには、それぞれの人の信頼残高を高めておかなくてはならない。

信頼残高とは、人間関係において築かれた信頼のレベルを指し、いいかえれば、その人に接する安心感ともいえる。

そのためには、礼儀正しい行動、親切、正直、約束を守るなどの行動を通じて信頼残高を蓄積しておくことが大事である。

つまり「人格」という土台を抜きにして、スキルなどだけでは公的成功を達成することはできない。

さて、第四の習慣である「Win-Winを考える」というのは、人間関係におけるリーダーシップの原則にかかわる習慣である。

それを実行するには、人間の四つの独特の性質(自覚、想像力、良心、自由意志)をすべて発揮しなければならない。

Win-Winというのは自分も勝ち相手も勝つということであるが、世の中、自分は勝ち相手は負ける、相手が勝って自分が負けるとなりがちで、Win-Winはかなり難しいことである。

Win-Winの関係を作るためには、なんといってもその基礎に人格がなければならない。この習慣は周囲の人たちとの協働・共鳴のことで、特に、勇気と思いやりのバランスが求められる。

■答えようとして聞いてはいけない

第五の習慣は感情移入のコミュニケーションの原則で、「理解してから理解される」ということである。

つまり、相手の目を通して人生やものごとを見つめることであるが、最初に相手を理解することが、Ｗｉｎ‐Ｗｉｎの扉を開く。

人間関係について、大切な教訓は、まず相手を理解するように努め、そのあとで自分を理解してもらうようにすることで、そうしたことが、人間関係における効果的なコミュニケーションの鍵となる。コミュニケーションは、人生における最も大きなスキルである。

相手に影響を与えたければ、まずその人を理解する必要があり、それはテクニックだけではできない。日ごろ信頼関係を築き、相手が本音で話せるような人格の土台の上に、感情移入の傾聴のスキルを積み上げていかねばならない。

ほとんどの人が理解しようとして聞いているのではなく、答えようとして聞いている。聞くということは学ぶことで、真にお互いを深く理解するとき、創造的解決や第三の案の扉が開かれる。

第六の習慣は、創造的な協力の原則、つまり「相乗効果を発揮する」ということ。

相乗効果とは、全体の合計が各部分の和より大きくなることで、これは人生において最も崇高な活動であり、リーダーシップの本質と言える。

相乗効果はそれぞれの相違点を認め、尊ぶことで、今まで存在しなかった全く新しいものが生まれることに繋がる。

本当に効果的に人生を営む人は、自分のものの見方の限界を認め、他の人の考え方を取り入れる謙虚さを持っている人だ。

さて最後に、第七の習慣であるが、これは「肉体と精神と、知性、社会・情緒という人の持つ四つの大事な側面について定期的に一貫して賢明にバランスよく磨き、向上させる」ということである。

しかし、ここまで言われると、私たち凡人は「コヴィー博士、ちょっともう無理ですよ」と思ってしまう。

個人的には第六までの習慣で十分というか、六つのうち二つでも、三つでもできたら良しとしたい。

この『7つの習慣』はビジネス書としては異例ともいうほど数多くの人々に読まれているが、どうも現実にはなかなか身に付かないという話を聞く。

理解することと実行できることはまた別なことのようだ。だから七つすべての習慣を身に付けようとするのではなく、自分にとって見習うべき習慣を一つか二つに絞って徹底的に実行してみることが成功への近道である。

西郷隆盛が奄美大島に流されたとき、「言志四録」を携え、毎日毎日それを読んで身体の中に叩き込んだように。

2　経営の本質は責任に他ならない

――渋沢栄一

渋沢栄一は今の埼玉県深谷市の農家の息子として生まれ、さまざまな運命を経て実業家として活躍した。日本初の銀行などおよそ五百の会社と六百の教育福祉事業の設立に関与し「日本の資本主義の父」とも呼ばれている。

私の渋沢栄一との最初の出会いは彼の著書『論語と算盤』である。四十五歳のころ、少し論語に関心を持ったためだ。

論語は道徳で、算盤とは経済のことであるが、この本の中で渋沢は経済では「公のために尽くす」といった確固とした倫理観と道徳観が必要であると述べている。論語にある道徳と利益を目的とする経済という一見かけ離れた二つを融合させるということを渋沢は明治の初期にやってみせた。

■ドラッカーも認めた見識

ピーター・ドラッカーは渋沢を「日本の誰よりも早く経営の本質は『責任』に他ならないということを見抜いていた」と四十年前に著した『マネジメント』で書いている。渋沢の行動は一貫して「世のため人のため」という私心のなさで貫かれている。

資本主義に対する彼の思想は時代や国境を越えているかのようだ。

『論語と算盤』が契機となって私は彼に興味を抱くようになった。

渋沢栄一の最大の特徴はその類稀なる好奇心であり全身が受信機の塊のようなもので、どのような逆境に置かれても逆境を意識する暇がないほど取りつかれたように興味を持ち勉強し提案する。

攘夷のために計画した高崎城襲撃がばれ、郷里におられず逃げ込んだ京都で一橋家に拾われそこで毎日勉強し、何度も提案した建白書が主君の慶喜に認められる。

パリの万国博覧会に十五代将軍慶喜の弟清水昭武が派遣されるが、随行する尊王攘夷の水戸藩と幕府の外国奉行の混成チームをまとめられるのは渋沢だろうということでフランスに一緒に行くことになる。異常な好奇心を持つ彼はパリの下水道の中を歩き回り、アパートの賃貸契約のやり方などをすべて書き留めるなどヨーロッパの文化と知識を吸収していく。

吸収魔といわれるほどの受信能力を持つところが彼の強みであり、こうした性格が何でもない農村の一少年を日本最大の経済人に仕立て上げた。

パリにいる間に幕府は倒れ、新政府から急遽帰国させられる。主君の徳川慶喜は隠居して静岡に謹慎していたので自分もその近くに住む。

パリで勉強しまくったという評判を聞いて大隈重信が新政府の大蔵省へ来るよう説得し、そこで持ち前の吸収力と行動力で地租改正、鉄道敷設などの大仕事をしていく。

その後、強烈な生き方を積み重ねどんな困難なときでも初心を失わず、ぶれない性格が形成されていく。

渋沢のもうひとつの特徴は対人関係能力である。彼は晩年に至るまでいつも自分の目の前にいる人にこころのすべてを傾けて対応した。どんなときでもどんな人に対しても、同じ態度だった。いつも初心を忘れず自分に安住せず、人から学ぼうとする力。

私はその人が成長するかしないかは、出会った人や経験から学ぶ力があるかどうかが大きいと考える。私はそれを学ぶ力のある人、即ち「学力がある人」と呼ぶが、学ぶ力がある人は人や経験から学ぼうとする「謙虚さがある人」だ。

なぜ渋沢がそうしたかというと、どんな人にも必ず良いところがあり、それを学ぼう、認めよう、引き出そう、伸ばそうという強い信念があったからだ。

簡単に人を馬鹿にしたり否定したりしない、リーダーというのはどんな人も受け止め認めるという「懐の深さのある人」である。

■M・ウェーバーのキリスト教プロテスタント、渋沢の論語

渋沢栄一は明治維新後における日本経済界をリードし「日本資本主義の父」と呼ばれた。第一国立銀行、日本郵船、キリンビールといった数多くの会社を興すなど日本経済発展のもとを作り上げた明治時代の最大の経済人で、その存在感は今でいったら日本経団連会長の十倍以上であっただろう。そして彼がそれほどのリーダーになった理由は、その類稀なる好奇心とすべての人を受け入れる対人関係能力であると書いた。

しかし彼の著した『論語と算盤』を読むとそうした渋沢の性格や行動の多くは論語から大きな影響を受けたことがわかる。

論語を愛読するリーダーは多いが、おそらく渋沢ほど論語を自分の人生のバイブルと位置づけ、繰り返し読み、考え、身に付けてきた人はいないといってもいい。

マックス・ウェーバーは、キリスト教プロテスタントの宗教的倫理観に基づく思想によってこそ資本主義は発展するとした。つまり経済活動においては誠実かつ勤勉であることが重要だと指摘した。それに対して、渋沢は武士道精神、特にその中核になっている論語の教えこそ日本ビジネス道の基本としなくてはならないと考えこの本を著した。

日本を開国しいち早く経済を立ち上げようとしたとき、そのコアにあったものが武士道であり論語であったということは興味深い。

渋沢が多くの官界からの誘いがありながらそれを断り、経済界で仕事をすることを決意したとき、友人が「卑しむべきお金に目がくらんだのか」と批判した。これに対し彼は「お金を扱うことがなぜ卑しいのか、君のように金銭を卑しむようでは国家は成り立たない。官が偉い、身分が大事ということはない。人間の勤むべき仕事はすべて尊い。私はビジネスにおいて論語の教えを一生貫いてみせる」と反論したという。

事実、彼はこの後、五百もの会社を設立し日本の近代経済をリードする礎を築いていくわけだが、その成功の原動力は論語の思想の実践にあったといってもいい。論語をそらんずるまで読み込み骨の髄まで身に付けていった結果、論語が渋沢のあらゆる行動の起点になった。

「私心を入れない、逆境は人を育てる、誠実と思いやりを大切に、自分を知る、大事と小事の扱い方、目の前の仕事に全力を尽くせ、常識とは何か――」このような論語の考え方を事業経営の基本的考え方と位置づけることによって事業の成功に結び付けた。

たしかにリーダーは生まれながらの資質によるところ大であるが、それ以外にその人の周りにどのような指導者がいたかとか、どのような書物に出会ったか、そしてその中で努力することで優れたリーダーになっていくこともある。

そういう意味ではリーダー的資質は生来のものではなく人生の中で育んでいくもの、経験の中で自ら摑み取っていくものともいえる。

日本人にとっては渋沢が論語に出会ったことは僥倖《ぎょうこう》としなくてはならない。

3 ― 楽観主義者はいかなる困難にも機会を見出す
――ウィンストン・チャーチル

サー・ウィンストン・チャーチルは一九四〇年から四五年にかけてイギリス戦時内閣の首相としてイギリス国民を指導し、第二次世界大戦を勝利に導いた言わずと知れたイギリスきっての英雄的リーダーである。九十歳で亡くなったとき平民でありながら国葬となり、ウェストミンスターホールには弔問のため三日間で三十万人が訪れたという。

チャーチルは一八九五年にサンドハースト王立陸軍士官学校を卒業し騎兵隊少尉に任官、キューバやインドに赴き軍人の仕事と従軍記者の仕事をする。一八九九年、ボーア戦争のとき捕虜となるも脱走し、十一日間かけて味方のいる地に辿り着いた英雄的行動が彼の知名度を飛躍的に高め、政治家として成功する礎を築いた。

そもそも彼は政治家として名を残すことが最終目的であり、そのためには軍人になって功を立てるのが近道という動機から軍隊を選んだのだ。

母への手紙で「青年期に英国の部隊とともに戦闘に参加することは政治家としての重みを与える。私はこの世で何らかのことを成し遂げるという運命を信じている」と書いているが、彼には幼少の時から父の跡を継いで国政の場に出たいという強く熱い思いがあった。そのような動機であったからともかく結果の出るチャンスを摑もうと、あらゆるコネを使って配属地などの希望を通してきた。

■野心をかきたてるパッション

この本の前半で、広田弘毅は「自ら計らわぬ人」、吉田茂は「自ら計る人」と書いたがチャーチルの自ら計るやり方は吉田茂の比ではなく、厚顔無恥とも喜劇的ともいえるほど露骨なものであった。

このことはチャーチルが過剰なまでに己の能力に自信を持ち、その能力をこの世で実現することが自分のミッションだと強く信じていたからで、そういう意味では並外れた資質をもっていたともいえよう。

栄達のためには手段を選ばぬ野心家でありながら、彼が偉大な政治家であった資質を挙げるとまず第一は尋常でないほど危険に怯まぬ勇気があること、二つ目が政治課題に関しては鋭敏な嗅覚があること、そして最後の三つ目が目標に向かって進むエネルギーの激しさである。

この三つの特徴はまさに持って生まれた資質といってよく、本人の努力も加わり彼をして類まれなリーダーに仕立て上げた。

彼にはどうしても政治家になるという強烈なパッションがあり、軍人時代には自己教育のため膨大な読書をする一方、演説技術の向上にも努力と工夫を重ねた。

そういうこともあって、後年『第二次世界大戦回顧録』でノーベル文学賞を受けることになる。

また、その努力と工夫の積み重ねはユーモアとウィットに富んだ数々の名言を多く残すことになる。

特に「悲観主義者はいかなる機会にも困難を見出し、楽観主義者はいかなる困難の中にも機会を見出す」という言葉は、私が家族の問題を抱えながら仕事にも精力を傾注していたとき、私に大きな勇気を与えてくれた座右の銘である。

他にも「成功とは意欲を失わずに失敗に次ぐ失敗を繰り返すことである」「絶対に屈服してはならない、絶対に、絶対に、絶対に」「実際、民主制は最悪の政治形態だ。これまでに試みられたあらゆる政治形態を除けば」など含蓄のある名言だ。

チャーチルは危機の時代の優れた指導者とも言われているが、その偉大さは二つある。

一つは優れて歴史観のある指導者であること、そしてもう一つは問題解決能力に優れておりあらゆる問題を解決しないと気が済まないことで、このような性格は戦争など非常時のリーダーに欠かせない資質といえる。

一般的にリーダーは人間力が大事だといわれることがあるがそれはある意味、平時のリーダーに求められる資質かもしれない。

■伴侶の存在

たしかにチャーチルは危機の時代の政治家として出色であったが、彼がその能力を十二分に発揮できた大きな要因の一つに、彼を支えた伴侶・クレメンティーンの存在があったことに触れたい。

二人は五十七年間の結婚生活を通じ、愛情あふれる手紙を数多く交わしている。ケンブリッジ大学にあるチャーチル文書館には二人が交わした書簡千七百通余りが保管されている。

お互いの献身は生涯揺らぐことはなく二人の絆は例のないほど強いものだった。クレメンティーンは人生のすべてを夫のためにささげた。内気で人見知りする性格ではあったが、夫を守るためなら相手が誰であろうとも戦うことを躊躇しなかった。

直観的で即断即決型の夫とは対照的に、慎重で客観的に物事を見ることができるクレメンティーンの存在は、彼の政治家としての成功に大きく貢献したといってよい。

二人が初めて会ったのは一九〇四年、二十九歳と十九歳であった。その後再会までに四年。全くの偶然で食事の席が隣同士になる。いかつい容貌で自己中心的、そして女性と会っても自分のことか政治のことしか話さず、およそ女性に持てないチャーチルだったが二人は意気投合した。

クレメンティーンは当時評判の美人であったが、父母の不幸な結婚・離婚などを見て男性については保守的で慎重な性格であった。しかし向上心が強く政治にも関心があったため、普通の女性なら退屈であろう彼の政治の話は進歩的社会意識を持つ彼女の心の琴線に触れた。

政治が人生のすべてであるチャーチルは、自分の世界に関心を持ち適切なアドバイスを与えてくれる伴侶を見つけた僥倖を神に感謝しなくてはならない。

娘のメアリーは「母が父と議論を戦わせる意思と勇気と能力を備えていたことが二人の人生にとって計り知れないプラスとなった」と書いている。

■一人で英雄になれるわけではない

最近の日本の政治家にもさまざまな伴侶の例を見るが、クレメンティーンのような伴侶だったらとつい考えてしまうことがある。リーダーが実力を発揮できるかどうか、あるいは自分の言動を冷静に振り返れるかどうかは伴侶の器も大きく影響するのではないか。

第二次世界大戦時、国家の最高指導者となった夫の立ち居振る舞いについてきめ細かく目を配り、時として苦言を呈することをはばからなかった。

一九四〇年、チャーチルの首相就任後間もないときに夫にあてた手紙はその一例で、縷々述べた後に「私としては国家と貴方に仕える人たちが貴方を称賛し尊敬するだけではなく貴方を愛さなければ耐え難いのです」としている。

彼女の指摘の内容もさることながら、それを手紙で相手に伝えているところに彼女の聡明さを感じる。

チャーチルに苦言を呈せたのは彼女以外には労働党党首として挙国一致内閣に参加した

クレメント・アトリーと参謀総長のアラン・ブルック陸軍大将だけということからみても、彼女の役割の大きさがわかる。

メアリーによるとチャーチルのエゴは相当なものであったようで、クレメンティーンはそのわがままに付き合いきれず、時々一人長旅に出たようだし、派手な夫婦げんかも珍しくなかったようだ。

クレメンティーンが九十二歳で亡くなったとき、五人の子供のうち三人には先立たれ、残る二人のうち人並みの幸せを味わっているのはメアリー一人だけという状態で、必ずしも子育てに成功したとは言えなかった。おそらく彼女の人生のすべてはチャーチルのためにあったのだろう。

一人の英雄は一人だけで英雄になれるわけではない。内助の功は一般の人が考えるより大きなことではないかと感じる。

4　ホンダフィロソフィーの一丁目一番地は「人間尊重」

――本田宗一郎

実は私がリーダーとして最初に取り上げたいと思った企業経営者は、松下幸之助と本田宗一郎だった。

が、宗一郎のことを知れば知るほど取り上げることを躊躇してしまう。

それは普通リーダーとなる人のタイプは、沈着冷静だったり、自制心が強かったりといった特長があるのに、宗一郎の場合は子どものようなところがあり、悪ガキがそのまま大人になったような面があるからだ。

押し寄せる感情の量が人より多く、それを抑えようとはせずいつも感情がほとばしり出てくる。仕事をしていても理屈に合わないことが起こったり、手を抜いたりすると本気で怒る。その激しさゆえ、時に部下を殴ってしまうこともあったという。

そういう人であっても、十五歳で丁稚小僧となり、二十一歳で創業し、四十一歳で本田技研工業を興し、社長在任中はもちろん退任後も急速な成長を実現するとともに、社員全員に強烈な「ホンダフィロソフィー」を植え付けた。人材と組織の基盤を築き上げたこの宗一郎のリーダーシップには、やはり触れておかなければならない。

■熱さと思いやり

宗一郎のリーダーシップには二面性がある。

一つはなんといっても前を向いて個性をむき出しにし、あくなき追求をし、周囲を巻き込んで結果に結びつけるリーダーシップである。もう一面は、そうであるのに人への目配り、気配り、思いやりが尋常でないことである。

さて、まず最初の激しい感情のことに触れたい。

一九五二年、事業拡大のため、無謀にも資本金の七十五倍の四億五千万円の工作機械を購入した。その結果、経営は苦境に陥るものの持ち前のチャレンジ精神で、何とか乗り切った。また五四年、世界最高のオートバイレースのマン島TTレースを見て、その水準の高さに驚きながら、五九年から参戦し、翌々年には百二十五cc、二百五十ccとも一位〜五位をホンダが独占。常に不可能とも思えることに挑戦してきた。

また宗一郎は約束を守る事に厳しかったが、その中で、最も大事にしたものは時間であった。なぜ時間に拘《こだわ》ったかといえば、人生に残された時間の短さに比べ、その間に自分が成し遂げたいことがあまりにも多かったからだ。

頭の回転が速く、次から次へと試したいアイディアが出てくる。「能率とはプライベートの生活をエンジョイするために時間を酷使すること」と言っていた。彼の遊び方が、けた外れだったのも、狂気の淵に近づくばかりの仕事人間ゆえに、精神のバランスをとるためだったと思われる。感情丸出しで、鬼気迫る激しさで仕事に集中していくが、彼の場合、存在そのものがメッセージと言ってよい。

女性問題においても、何度か妻・さちに隠れて愛人を作ったようだが、それもまた強烈な仕事ぶりとのバランスをとるための解放の場が必要だったのだろう。

人は成長し大人になるにつれて、丸くなり割り切ったりあきらめたりするようになるものだが、彼にはそれができない。分別臭くなるヒマもない高い志であったとも思われる。

生前に自分の戒名を「純情院無軌道居士」と決めたというが、自分でも抑えきれない感情が湧きあがってくるようだ。

それでも周囲の人が彼についてくるのは、なんとしてでも成功させようという志の高さと、実行する道筋の論理性と納得性であった。

宗一郎がこのようなことができたのは、もちろん持って生まれた気質が第一ではあるが、会社では副社長の藤沢武夫、家庭では妻・さちという強力なサポーターがいたことも大きい。

「本田さんは常に未来を語る人、藤沢さんは過去にすべての鍵があると考える人」と周囲の身近な人は言っていたという。

■極め付きのリアリスト

彼のリーダーシップのもう一面、後ろから付いてくる人たちに対する目配り、気配り、思いやりについて触れたい。

宗一郎は、社長退任後、自分を支えてくれた国内の約七百カ所の営業所・サービス工場を巡るお礼と握手の旅に出たという。退任後、全社員に「ありがとう」を言うために出かけたトップの話は聞いたことがない。六十七歳というのに、日によっては一日四百キロ、一年半かけての車の旅だった。その後二年は海外をまわり、三万人以上と会った。

「ホンダフィロソフィー」の一丁目一番地が「人間尊重」で、差別が諸悪の根源と考えていた彼は、社員一人ひとりを大事にしてきた。

その一方で、人間は所詮、私利私欲もあり、好き嫌いもある弱い存在とも考えていたし、「自分だって儲けたい、幸せになりたい、女房に隠れて遊びたいという普通の男だ」と平気で言っていた。企業家として他人と違っているところを聞かれた際は、「人に好かれたいという感情が人一倍強いこと」とも言っている。

しかし彼は相手の立場に立ち、そのとき何を伝えるべきか、何を感じるかについては、人間の達人と言っていいほどの感受性を持っていた。

人間というものの観察と理解において極め付きのリアリストであった。また、考えることは人間の権利であるだけではなく人間の楽しみでもあるので、社員に「考える権利」「考える楽しみ」を与えるのが、経営者の責任であり、そのことが人間尊重の原点であると考えてきた。

自分がその責任を果たすことで、社員一人ひとりが、モチベーションを上げ、自己実現を達成し、その結果、会社が伸びていくことに繫がる。

人間の弱さ、強さを人一倍理解できた宗一郎だったからこそ、人間を活かす哲学を持ち、経営の現場に取り入れていった。

考える楽しみを持てば、理想や目標が持て、弱い人間も勇気が出て、強くなれる。強い精神は容易なことを嫌い、自分で困難な課題を発明していく。

■自分のために働け

また彼は人を喜ばせたいとも考えた。一九五一年に「創って、売って、買って」という三つの喜びを挙げ、これをホンダのモットーとした。キーワードは、成長でも利益でも技術でもない。

と、同時に「自分は人のためには仕事をしない。自分のために仕事をする」とも言い切っている。

私は以前、ホンダの前社長の福井威夫さんと対談したことがある。福井さんは入社式で新入社員にこう話したそうだ。

「君たちがホンダに入り、ホンダウェイを学ぶのもいいだろう。しかし、君たちがこの会社に何かを持ってきて、何かを変えていかなければ明日のホンダはない。人は何のために働くかといえば自分のために働くのだ。それはいつの時代も、世界中どこでも当たり前のことだ」

どこの会社に「会社のためではなく自分のために働け」という社長がいるだろうか。ホンダには今も宗一郎の思想、志は脈々と伝わっている。

私が埼玉県和光市のホンダの研究所に行ったとき、駅前で道を聞いた人がたまたまホンダの部長さんだった。会社までの道すがら「うちの福井は大した男です」と話し始めた。

自分の会社の社長をこのように表現する社員、宗一郎の自由闊達な思想がよく受け継がれているものと感じ、大層うらやましく思ったものだ。

5　人民の人民による人民のための政治
――エイブラハム・リンカーン

スピルバーグ監督の映画「リンカーン」を見た。アカデミー賞主演男優賞を受賞した主役のダニエル・デイ＝ルイスはたしかに本物のリンカーンかと思うほどの風貌であったし、これぞまさしくリーダーともいうべき迫力ある演技であった。

リンカーンは自由と正義のため奴隷解放をしたアメリカ史に残る勇気ある大統領として四十四代の大統領の中で一、二を争う人気がある。

しかしリンカーンについては南北戦争の功罪を抜きに語ることはできない。

連邦を守るという信念から生じたこの南北戦争の戦死者は六十二万人という異常さだ。総人口を現在の人口（三・一億人）として計算すると、この戦死者数はおよそ六百万人に相当する。さらに戦争に加わった北軍のおよそ二百七十万人の兵士のうち二百万人が二十一歳以下の若者、そのうち半数が十八歳以下だ。

しかも当時の武器の水準からいえば、一度の大量殺戮は起こりにくく、いわば一対一の肉弾戦であり壮絶な殺し合いであったと想像される。南北戦争はリンカーンがサムター要塞の防衛を命じたことから始まった。この要塞は守ることができないことはわかっていたし、他に選択肢は複数あったにも拘わらずリンカーンはそれを命じた。

このことが四年の長期に亘る戦争と六十二万人の戦死者に繋がった。政治家としての判断が甘く、史上まれにみる悲惨な戦争になったことについては大きな責任を負わねばならない。

もちろん最初から長期になるとは誰も思わなかった。この当時、北部二十三州の総人口は二千二百万人、南部連合十一州のそれは九百万人。うち三百五十万人は黒人奴隷だった。加えて北部は発展した工業、豊かな農業、南部を圧倒する海軍力を持つ。北部が短期的に決着をつけられると考えたとしても当然であった。

原因の一つは信じられないほどの北軍司令官の無能。それに対し南軍には天才とも言えるロバート・リー将軍の存在が大きかっただろう。

■神のごとく正しいメッセージ

話を戻そう。リンカーンは一八〇九年ケンタッキーの農家の子として生まれた。父母とも無学で、小さいころから勉強をしたいリンカーンと労働させようとする父親との間には抜きがたい確執があったようだ。九歳の時母を亡くし、姉も弟も亡くなるというように身近な家族を失い、死を日常のものとして育っていった。

後年、子ども四人のうち二人まで亡くすという悲しい体験もあり、リンカーンは人一倍人の命の尊さとはかなさを感じていたと思われる。

弁護士の仕事をしているうちに政治に興味を抱き、分裂の危機にあるアメリカの連邦を守る政治家は今や「自分以外に誰もいない」という確信を持つに至る。

リンカーンは、自らの思想や政策をとことん理論的に詰めたうえで、その正しいことを明確な言葉で主張する。それを他人に押し付けるのではなく実に控えめに遠慮がちに選挙民に接するという姿勢を貫いた。それは三十八歳でイリノイ州の下院議員になってから大統領二期目のとき五十六歳で暗殺されるまで続いた。

メアリー・アン・トッドとの結婚生活は彼女の浪費癖や精神不安定で幸福とはいえず、また政治の世界では予想もしない数々の困難が起こり、公私とも心休まる日は少なかった。

こうした環境の中で自分を見失わず、常に国民の幸せは何かを問いつつ、国民に対し、まるで神のごとき正しいメッセージを送り続けた。

一日も早くこの悲惨な戦争を終えようと心血を注ぎ、一方で幾度も戦地に出かけ負傷者を見舞い、戦死者の家族を弔問し、勇気づけた。年齢より老けて見える風貌は、さらに年老いた哲学者のようになっていった。

このようなリンカーンの生き様や人への優しさが、次第に国民のゆるぎない支持を集め、一八六四年の大統領選で圧倒的多数で再選される。

■敵も味方も平等に

リンカーンの考え方や政策は、何度も自分で検証し練り上げられているために極めて論理的でありほとんどぶれない。

リンカーンの偉大さや人気の源は彼の発するその言葉にある。

ゲティーズバーグで北軍が勝利した時、亡くなった兵士のための国立墓地の儀式でリンカーンが行った演説は三分足らずであった。

「人民の人民による人民のための政治をこの地球上から決して消滅させてはならない」と

いうしめくくりが有名な二百七十二語のスピーチ。このスピーチはこの戦場で死んでいったすべての兵士への悼みであり敵も味方もない、未曾有の戦いの中で、南軍兵士には「赦し」の心境に達していた。「目には目を」の恨みや憎しみを超え、慈悲と愛を以て接すべきことを述べている。

集まった人たちは敵に憎しみを持った人たちであり、リンカーンの考え方を素直に受け入れることは難しかった。北部の愛国心を自賛し、彼らの勇気と忍耐を讃える方がどれだけ民衆に受け入れ易かったか。

事実、聴衆の意識とリンカーンのそれとのあまりの乖離に、演説が終わったとき、ほとんど拍手はなかったという。しかしその後多くの国民がこのスピーチに感動し、五十年後にはこの演説は小学生が暗記するほどになっている。

一八五八年、共和党の上院議員候補の時、歴史に残る名演説「相争う家、立つことあたわず」――私が望むのは国内で争うのを止めること――を行っている。

一八六三年の奴隷解放宣言もわかりやすく格調の高い内容であった。リーダーの発する「言葉」の重要性と戦略性を如実に示す例は、リンカーンを以て最高であるといっても過言ではない。

リーダーは、仲間に「向かうべき方向性」を明示しなければならない。仲間の先頭に立って、「こっちへ進もう」と旗を振らなければならない。そして、人間社会において、「旗」とは言葉にほかならない。自らの意志や思想を最も明確に伝えることができるのは言葉でしかなく、リンカーンの演説のレベルの高さは、彼の思想や哲学の深さを示す。

■たとえ反対派でも能力で人事を決める

もう一つ、リンカーンのリーダーとして優れたところは死を全く恐れなかったことである。大統領選に勝利したとき、暗殺の脅迫状が自宅に届いたが、リンカーンは「どんなにガードしても殺そうと思えば方法はいくらでもある」といって無頓着に行動した。死があまりにも身近だった人生を歩んできたこともあるが、己の信念に基づいて行動した結果、命を落としても仕方がない、それは神の計らいだと考えていた。

彼が大統領に就任すべく故郷を去る時の最後の挨拶は「この別れの時に私が感じている悲しみを理解できる人は誰もいない。私はいつ戻って来られるのか、また実際に戻って来られるのか分からず去っていかねばなりません。私の前にはワシントンが背負った以上に重い仕事が待っています」であったが、この時すでに死を予見していたのだろうか。

またリンカーンは人事において適材適所に徹した。特に二期目に任命したサーモン・チェイス最高裁長官は、財務長官だった三年間、リンカーンに最も逆らった人物として知られる。そのような過去や、チェイスが急進派共和党員であることも完全に無視した。重視したのはチェイスは有能な弁護士であり、最高裁長官として最も適していると考えられたことである。あくまで仕事に対する能力で人事を決めていた。

南北戦争後にアンドリュー・ジョンソンという民主党の南部人を副大統領に選んだが、リンカーンはこのようなことを平然と実行する、勇気ある卓越したリーダーであった。

6　サムライの心を持ったハンサムウーマン

――天璋院篤姫

以前、所用で鹿児島に行ったとき鶴丸城址で天璋院の像を見た。南国鹿児島にふさわしいなんとも凜々しい顔立ちであるが、彼女は若いころ、日に焼けて黒々とした肌を持つ健康そのものの女性だったという。

篤姫は天保六年（一八三五年）、薩摩藩島津家の一門・今和泉の五代領主・島津忠剛の長女として生まれる。幼少のころから聡明・利発で両親はじめ周囲の人は「この子が男子であれば」とその器量を評価していたという。

そうした評判が時の藩主島津斉彬の耳にも届き、斉彬は正月にわざわざ篤姫を接見することになる。篤姫は最近読んだ本のことを聞かれ、『日本外史』十五巻を読破していてあと七巻を読みたいと答えたという。斉彬はその知識欲と向上心に驚く。

その後、是非にということで島津本家の養女となり、そのあと徳川十三代将軍・家定の正室として江戸に行くことになる。第十二代将軍の家慶《いえよし》の子どもたちは体が弱くほとんどが亡くなり成長したのは家定だけだったが、その家定も病弱、加えて京都から迎えた公家出身の正室は二人とも子どもを産まずに亡くなった。

斉彬は水戸藩主徳川斉昭や老中阿部正弘と協議し、身体が丈夫で利発な武家の娘をということで篤姫に白羽の矢がたった。

最初は側室という話もあったが、御台所に異論を持っていた水戸の徳川斉昭と福井の松平春嶽《しゅんがく》が篤姫に会ってその聡明さに感じ入り正室として話を進めることになったという。

島津家の分家から本家に養女で入ることとすら大事件なのに、将軍の御台所として嫁すということはずいぶん破天荒な人事ではある。

跡継ぎになる家定の子が生まれないという深刻な状況だったこともあるが、なにより斉彬が篤姫の物おじせず、勉強家で前向きな性格を高く評価していたことがこのようなことに繋がったと思われる。

■お局様もうならせる才覚

この篤姫——幼少の呼び名は「一子《かつこ》」で三人の兄がいるが、いずれも軟弱で一子がまだ五歳の時、八歳上の兄が漁師と言い争いになり、相手に砂をぶつけて兄を助けようとしたという逸話を持つしっかり者。加えて書物を読むのが好きでさまざまな古典を読みふけるなど、まさに「男であれば」と思わせるところがあった。

近衛家に奉公していた幾島という老女が、篤姫を徹底的に教育していくが、その幾島も篤姫の判断力や行動力に敬服するようになる。

大奥には千人を超える女中がおり、それなりの階級組織で、またさまざまなしきたりもあった。このとき大奥を取り仕切っていたのは三代の将軍に仕えた滝山という総取締役であったが、篤姫の合理的な考えでの変革にさすがの滝山も篤姫に心底従うようになっていく。

また政治のことでも常に筋の通った考え方を示すので、大老の井伊直弼とも対立することがあり、次の老中の安藤信正などは「天璋院さまはあなどるべからざる女性」と言い、何かにつけて事前にお伺いを立てていた。

しかし徳川家に嫁いで一年九カ月で家定が急死する。さらに同じ年に頼みとしていた斉彬まで死去してしまう。家定の死を受け篤姫はわずか二十二歳で落飾し、戒名・天璋院を名乗る。

家定の後継として家定の従弟で紀州藩主だった徳川家茂《いえもち》が十四代将軍に就任する。その後、幕府は公武合体政策を進め、文久二年（一八六二年）朝廷から家茂の正室として皇女・和宮が大奥に入ることになる。

薩摩藩は天璋院に薩摩への帰国を促すが、天璋院は一度嫁いだからには自分は徳川の人間だからと言って筋を通し、江戸で暮らすことを選んだ。

本来なら役目も終わり懐かしい薩摩に帰れたら心穏やかな日々を過ごせるであろうに。自分のミッションを強く自覚し一度決めた運命を引き受けその中で全力を尽くすという篤姫らしい生き様であった。

■部下の再就職を斡旋

将軍家茂が朝廷から和宮を正室に迎えたので、和宮と天璋院は嫁姑の関係にあった。皇室出身者と武家出身者の違いもあってしばしば対立することがあったが、天璋院は大奥女中千人の主人としてあくまで江戸風（武家風）の生活をするように説き伏せた。

天璋院の人間性や気配り、信念などを深く知るようになった和宮は次第に心を開き、二人はお互いに尊重しあうようになる。

慶応二年（一八六六年）、家茂が二十歳の若さで亡くなると、朝廷は京に帰るように勧めたが和宮は天璋院にならって断っている。

慶応三年（一八六七年）、十五代将軍徳川慶喜が大政奉還するが、その後に起きた戊辰戦争で徳川将軍家は存亡の危機に立たされる。慶喜を嫌っていた天璋院だが、朝廷や島津家に嘆願し徳川家の救済や慶喜の助命に尽力している。

天璋院は身寄りのない大奥女中約三百人の再就職や嫁入り先を心配し、きめ細かく斡旋している。

江戸城を明け渡すときには、徳川家伝来の家宝を広間に飾り、大奥の品物を一切持ち出すことなく、討幕軍に明け渡し、徳川家の女の意地を薩摩・長州に見せつけた。江戸幕府の終焉の幕引きをして身一つで一橋家に向かったという。

江戸が東京に改められた明治時代、鹿児島に戻らなかった天璋院は、東京千駄ヶ谷の徳川宗家邸で暮らしていた。生活費は討幕運動に参加した島津家からはもらうことなく、あくまで徳川の人間として振る舞った。

勝海舟や和宮と親しくし、十六代徳川家達《いえさと》に英才教育を受けさせ、海外に留学させるなど最後まで徳川家のために尽くした。

天璋院は薩長軍が江戸城を攻め滅ぼそうとしたとき、西郷隆盛に無益な戦を止めるように千三百字に及ぶ切々とした嘆願書を書いている。

この嘆願書が西郷に届く直前、勝海舟の意を受けた山岡鉄舟が西郷に会っている。「現在の日本の形勢は同胞と争っている場合ではなく、外国からの侵略の危機に一致団結して向かうべき」であること、また「徳川慶喜は恭順の意を表している。降伏しているものに攻撃を加えるのは国際法上違法」という英国人パークスの意見、そして西郷隆盛と勝海舟には個人的な信頼関係があったことなどの理由で、すでに西郷は江戸城無血開城を決めていたと思われる。

しかしそれだけではない。かつて敬愛する斉彬が実の娘のように可愛がっていた篤姫、そして自分も何度か会ってその真摯な人間性に惹かれていた篤姫の嘆願書が西郷の決断を後押ししたことは容易に推察できる。

■時代や国を超える想像力

またこんなこともあった。日本を開国させるためにアメリカからやってきたハリスの秘書官、ヒュースケンの暗殺事件が起こった。ヒュースケンはまだ独身の二十八歳。天璋院は、残された母親がどれほど悲しい思いをするだろうかと考え、母親に一万ドルを送っている。

ほとんどの日本人の感情がいまだ「異人討つべし」であった当時、遺族への補償まではとっさには思い浮かばないものだ。天璋院の、時代や国を超えた人を愛する人間性の現われといえよう。

江戸幕府崩壊のあと、勝海舟は天璋院を姉と称して二人でいろいろ東京の街に繰り出し遊んでいたようである。当時勝海舟は天璋院を「女性であるが尊敬できる人」と述べているし、また十六代家達は「もし徳川に天璋院なかりせば家は瓦解の際、滅亡して果てただろう」と言っている。

明治十六年（一八八三年）に死去。享年四十七。亡くなった際、手元に残っていたお金はわずか三円（現在の価値で六万円）であったという。

まことに薩摩女の面目躍如といえよう。少し顔はいかついが、天璋院は日本女性の鑑であり「サムライの心意気」、まさにハンサムウーマンであった。

7 ― 戦略とは戦いを略すこと

――毛利元就

毛利元就は安芸（現在の広島県西部）の小規模な国人領主であったが、中国地方のほぼ全域を支配下に置くまで勢力を拡大し、その優れた智謀と家臣から慕われた人柄で、後世、戦国時代最高の知将と評されている。

一四九七年、毛利弘元の次男として生まれたものの、家臣の井上元盛によって所領を横領され城から追い出されるなど、多くの苦難を強いられた末、家督を継ぐ。が、西の大国、大内氏と東の大国、尼子氏にはさまれ、生き残りのため、小国ならではの様々な駆け引きを駆使することになる。

元就が腐心したのは、武力を用いず、極力平和的解決を優先することだ。

即ち、長年の宿敵であった宍戸氏には娘を嫁がせ、その関係を修復したり、近隣の雄、小早川・吉川《きっかわ》にそれぞれ三男、次男を養子に出すことで両川家を支配下に置く。また、大内義隆の後を襲った陶隆房《すえ》に対しても、謀略で内部対立を起こさせ相手を混乱に陥れる。この敵に対する内部分裂戦略は元就の得意とするところで、幾度もこの作戦を使っては、手ごわい敵を弱体化させてきた。

このため元就は「謀神」とも「謀将」とも呼ばれている。

■最小限の損害で最大の勝利を

いったん戦いとなっても、例えば東の大国、尼子氏との最終的な戦いである月山富田城攻撃においては、当初は相手兵士の降伏を認めず、投降した者を見せしめに殺すことで、敵兵を城中に押し込めさせ、城内の食糧を早々に消費させた。そして食糧が尽きたころを見計らって、城の前で粥を炊き出して、城内兵士の降伏を誘ったところ、尼子兵士は続々と降伏し、それ以上無用な血を流さずに勝利できた。

元就の基本的スタンスは、まず置かれている現実を直視し、さまざまな方策を考慮し、その状況に合わせた最も効果的な策を選ぶこと、特に、無用な殺し合いは避け、戦いより平和的手段を優先させたことだ。

元就は幼いころから苦労人であったし、己の所領は小さく武力での局面打開は難しいいため、極力、調略や計略による勢力拡大を目指したが、人の命を大事にし、戦うにしても、犠牲を最小限にするということを常に考え行動した。

戦略とは「戦いを略す」と書く。元就の描く未来は、大内氏、尼子氏を破り中国地方の覇者になることだ。そのためにできるだけ「戦いを略し」無駄な血を流さないようにした。

元就はそれを可能にするのは家臣の知恵だけでは難しいと考え、中国の兵法書を勉強したが、特に「六韜《りくとう》」「三略」を真剣に読んだという。「六韜」とは中国古代周の軍師、太公望が撰し、「三略」は黄石公が撰したもので、これらの戦略本を元就はむさぼるように繰り返し読んだ。加えて、人間の心理を分析しつつ、適切な対応策を打つべく「韓非子」も学んだ。この本は絶対的な人間不信がベースとなっており、韓非は人間の行動には常に二面性があることを説いているが、元就にとってこれらの人間の真相を深く突いた書物がどれほど役に立ったか知れない。

元就は冷静な観察者であり、分析者、問題の提起者であったが、生涯にわたり自己鍛錬に努め、他人や書物から学ぼうとする謙虚さがあった。

それと、いきなり王道を行う王者にはなれないが、いまの戦国状況をみればなにかを志すものはまず覇者にならねばならぬ。そのためにはこれらの書物にあるような覇道も致し方ない。効果的な覇道を行い、力を蓄えたら王道を行うという冷静な決意を秘めていたようだ。

■戦国時代のダイバーシティ経営

さらに、元就の優れていたところは、常に自分ひとりだけの力に頼るのではなく、利害関係者との協働を尊んだことだ。

人間一人の力には限界があると考え、一族の結束による組織強化に努めた。特に一本の矢は折れても三本の矢は折れないというわゆる「三本の矢」の逸話は有名だが、三人の息子たちは当然のこととして、関係者全員の連携、協力、融和を説き、かつ実行してきた。

特に、それぞれの土地の自治を実現しているのは国人衆であり地侍の力であることを肝に銘じ、重臣を含めた集団指導体制を重視すると共に、臣下についても、完全に従わせるだけではなく、それぞれの独自性を尊重するという、今でいえばダイバーシティ経営に努めた。

ダイバーシティとは多様性の受容ということだが、さまざまな異なった考え方や生き方、境遇の異なる人の立場を受け入れ、多くの関係者の力を結集することで、組織を強化する経営戦略である。このことは元就の「武力によらず平和的解決を優先する」という思想にも通じる。

つまり、相手の立場を思いやり、他人も自分も共にＷｉｎ－Ｗｉｎの関係を築こうと努力した。

吉田郡山城の増改築の際は、人柱を止め、代わりに百万一心と彫った石碑を埋めるなど、無益な殺生を止めさせ、ことあるごとに領民や一族の団結を説いたというが、そのことは元就が理想とした国人領主による集団指導体制の延長線上にある考え方である。

領民からの人望は厚く、吉田郡山城の戦いでは、兵士二千四百と共に領民八千人もが、籠城したという。この話は周辺国にも伝わり、その後の領国支配に大きく影響した。

常に部下の置かれた状況に応じた対応を考えていたことから、元就に対し反抗したり裏切ったりする家臣が少なく、人望があった。信長は「自分の部下はなにをしでかすかわからない、それにひきかえ元就のいる毛利家では違う」と羨ましがったというが、それは家臣の事情を考慮しない信長の性格故であり自業自得というものだ。

■社員一人ひとりに赤字意識を

私は三十代前半に、潰れかかった会社に出向したことがある。毎月大きな赤字を計上し、早急に再建策を作成し実行する必要があった。そのとき経営のトップ層は当然、その会社に派遣された少数の東レの人間が占めることになったが、経営の方針や施策をいくらトップが示しても、大多数を占めるその会社の社員が自分の問題としてその気になって行動しなければ成果は上がらない。

私が心がけたのは、社員一人ひとりが自分の問題として経営を考え行動していくことだった。

例えば四つの事業のうち、一つの事業を除いて残り三つの事業はすべて赤字であるという会社があった。その赤字の事業が構造改革によって黒字に転換できるのか、やはり赤字が続くことになるのかを我々なりに検討していた。

一方、その事業を担当する当事者にも、さまざまなケーススタディを提供しつつ自分の問題として徹底的に議論をしてもらった。

その結果彼らは、二つの事業は抜本的体質強化の実行で黒字化の可能性があり、あと一つの事業はこのままでは黒字化が難しく、不採算分野の大幅削減で規模を三分の一にしたうえで本社から分離し、本社負担を無くすことで存続という結論を出した。それはまさに我々が考えていた案でもあった。

　この作業があったから社員自らが決定したという認識が生まれ、その後の実行が極めてスムースにいった。

　その会社は二年半で黒字になったが、組織というのは、それを構成する人間の納得と協力があってはじめて実効があるものになる。

　元就は、常に武略、計略、調略を駆使したが、それは最終的な大きなミッションのためであって、根は優しく、人の話を聴き、臣下から慕われる存在であった。

　七十四歳で戦いに明け暮れた生涯を閉じたが、仮に元就が関ヶ原の戦いまで生きていたらその後の歴史は大きく変わっていたかもしれない。

　元就の一生を振り返るとリーダーの姿というのは、その生きた時代、生きた環境によって大きく変わるということを感じる。

8　交渉力とは粘り強さ

――セーラ・マリ・カミングス

少し古い話だが、二〇〇二年のこと、月刊誌「日経ウーマン」が主催するその年最も活躍した女性に贈られる「ウーマン・オブ・ザ・イヤー大賞」にセーラ・マリ・カミングスというアメリカ人女性が選ばれた。興味あふれるこの女性を、私は長野県小布施町まで訪ねて行ったことがある。

私の会社の機関誌の新春インタビューに出てもらうためであったが、今まであった人の中で最も刺激的な人の一人であった。

彼女の特質は「戦略あっても計算なし」「悩む前にまず行動」という二つに言い尽くされる。そのひたむきさと行動力はあきれるほどで、大袈裟に言うならば私たちの数倍生き抜く力が大きいのではないかと感じたくらいだった。

長野駅から電車で北東へ三十分ほどのところにある小布施町にセーラが来たのは一九九

四年。十七代続く老舗の「桝一市村酒造場」という会社で仕事を始めたセーラは「ここに自分の居場所がある」と感じ、企業改革や町おこしのため、次々に大仕事をやり抜いていった。

■目のつけどころが違う

最初に手掛けたことは、小布施町ゆかりの葛飾北斎を町おこしのシンボルにしようと、従来ヴェニスで開催されていた国際北斎会議を小布施に招致することだった。なぜヴェニスだったかというと北斎は日本よりむしろ欧米での評価が高くアメリカやイギリス、イタリアにその研究家が多かったからだ。

それを、九八年の長野オリンピックの年で、かつ北斎没後百五十年目という節目の年に小布施で開こうというのがセーラの狙いであった。

しかし東京ですら困難なのに、長野県の小さな町、小布施での開催は無理というのが周囲の評価であった。セーラはまず北斎研究家の春原高英の門をたたき勉強に次ぐ勉強を重ねた。そして欧米に飛び、ヴェニス国際大学、ハーバード大学などの北斎研究者を訪ね歩きプランを説明し、日本の関係者をも巻き込み、持ち前の実行力で第三回国際北斎会議を実現させてしまった。

　また、長野冬季オリンピックではアン王女と英国選手団のいわば民間特命大使役を担った。それに合わせ、選手団のお土産に五輪カラーの蛇の目傘百五十本を三カ月以内に作ろうと思い立つ。

　蛇の目傘を作るといっても、骨組みを作る人、和紙を張る人、傘の表面に漆を塗る人と多くの人手と材料と時間がいる。だから周囲は無理だというのにセーラは片っ端から和傘屋に電話をかけ、三十軒に断られながらも粘り腰で交渉し、ついに京都の内藤商店を口説き落とした。

　一方、桝一市村酒造場が酒蔵を改造して和食レストランを作ろうとしたことがある。当初は料理人の要らないレトルト主体のメニューを考えていたものを「蔵人が丹精込めて作る酒屋のレストランにレトルトなどもってのほか」と反対し、十七代続く酒屋にふさわしい店作りを提案した。

　設計は著名なアメリカ人デザイナーであるジョン・モーフォードに香港まで出掛け頼み込んだ。あまりの熱意に負けモーフォードは引き受ける。モーフォードとセーラは外壁、内装、厨房設備、家具などすべてオリジナリティを追求し、米は「かまど」で炊き、少しおこげができるように設定した。賄いは全員男性で作り、桝一市村酒造場の藍の印半纏に股引、足元は足袋に雪駄と日本の男衆伝統のユニフォームとした。

そのレストラン「蔵部《くらぶ》」は、通常五時で閉店するというこの町の常識を破り、夜も営業。年中無休という究極の「顧客第一主義」を貫き、多くのお客を呼び寄せることに成功した。

この事業は当初予算の二千五百万円を十倍も上回る規模になってしまったが、その評判がお客を呼び、結果は投資を回収できる実績を上げた。

「私に何か能力があるとすれば、それは粘り強さ。交渉力とは粘り勝ちする能力のこと」とセーラは言う。

スポーツが大好き、フレンドリーで華やか、熱しやすく冷めやすいが、ツボにはまると驚くべき集中力を発揮するのがセーラである。

■あだ名は「台風娘」

セーラの驚異的な粘り強さを発揮した活躍ぶりをいくつか紹介したが、実はその陰にはこの小布施の町の人たちの大きな力が働いている。

セーラがこの町に来る前に、小布施の人たちはこの美しい風景と澄んだ空気のある町に

「文化」を導入し、商業・サービス業を含めた第三次産業の可能性を求めた動きをしていた。行政、法人、個人の地権者三者が対等な立場で参加し街並みを整えるという修景事業をしていたのだ。その結果、小布施への訪問客が急増した。

そうした動きが一段落し、次の一手を模索していたところへのセーラの登場であった。

セーラはやること為すこと、かなり乱暴で、思い立ったら即実行、あだ名は「台風娘」。周囲を振り回す力はものすごく、おそらく組織という仕組みには合わない人材なのだろう。しかしその発想力と実行力は他の追随を許さない。

私は「リーダーというのはその人といると勇気と希望をもらえる人」と定義しているがセーラはまさにそうしたリーダーに当たる。

酒造りでは、セーラはまず欧米人としては初めて「利酒師《ききざけし》」の資格を取り、一般のお酒とは差別化された新酒「スクウェア・ワン」を開発。

酒は半世紀前までは木桶で造っていたが、減酒することと手間暇がかかるということでホーローに代わってしまっていた。セーラは「木桶仕込み」の酒を造るべく木桶職人を見つけ出し、木桶に合った奥信濃の米を探り当て、できたお酒を付加価値品として高価格でインターネット中心に売り出し、従来赤字であった酒造部門を黒字にもっていった。その後セーラは「桶仕込み保存会」という組織を立ち上げた。

その頃、町の人達はコミュニケーションの場を求めていた。セーラもそれが必要だと考えていた。そこで毎月一回ゾロ目の日（八月八日とか十月十日）に「小布施ッション」を開催し、著名人を講師に呼ぶなど、知的で遊び心に満ちたイベントを立ち上げた。もちろん成功した。

■リーダーは周囲が生み出す

私の会社の講演会にセーラを招いたこともあるが、その次の日、セーラから二カ月後の十二月十二日に私に「小布施ッション」で講演してほしいという電話があった。さすが、即実行のセーラだ。

私は家内と二人で小布施まで出かけたが、会場の栗菓子「小布施堂」の工場の三階の多目的ルームにいっぱいの人が集まっていた。終了後、同会場での立食パーティは小布施ならではの料理がずらりと並んだ。

次の日、素敵なイタリア料理の朝食をとったあと、長野駅に向かうタクシーの車中、今回の旅がどれほどすばらしかったかを家内と話した。一頻《ひとしき》り盛り上がり、少しの沈黙の後、携帯が鳴る。セーラからだ。

「昨夜はお疲れさまでした。よく寝られましたか。お食事はお口に合いましたか」

絶妙なタイミング、人にどんなときどう対応すべきかを熟知した顧客重視の気配りだが、セーラの場合自然にそれができるところがすごい。

彼女の持論は「日本の地方には本当に古き良きところがたくさんあって、それを引き出し、地方の活性化につなげなくてはならない」というものであり、小布施はその成功例といえる。つまりセーラが日本を見つけ出したわけだ。

ただ彼女のひたむきさや行動力をその周囲の人達が理解し、ひとつひとつ夢を実現していったことが成功の背景にある。そういう意味では日本がセーラを見つけたわけだ。

セーラが故郷アメリカのペンシルバニアにいたとしたら、これほど活躍しただろうか。もちろん、生来の明るさと行動力でなにがしかの結果は残しただろうが、小布施ほどではないだろう。これは、一人の人間に特長があっても、人を活かし何かを実現させるのはその周りにいる人達であり、周りの環境だからなのだ。

リーダーというのは、周囲が生み出すものでもある。

9　留め置かまし大和魂

――吉田松陰

山口県では「先生」と呼ぶ対象は、吉田松陰のみという。

また、萩の明倫小学校では今でも日々、松陰の言葉を子どもたちに暗唱させているという。

長州藩は幕末・明治維新以来、数多くの英傑を輩出してきたが、その中にあって吉田松陰は別格扱いで、真の先生と位置づけられている。

松陰は、天保元年（一八三〇年）に長州藩士・杉百合之助の二男として生まれ、叔父の吉田家に養子となり、もう一人の叔父、玉木文之進によって勉学を厳しく叩き込まれた。

すでに十歳で藩校・明倫館の兵学教授として出仕、ときの藩主・毛利慶親の目に留まり、藩の期待を担いながら、その才能を伸ばしていく。

彼は攘夷論者ではあったが、安政元年（一八五四年）、アメリカのペリー来航のときは、外国を排斥するには、まず相手を知らなくてはならないという考えから、アメリカ行きを決意する。金子重輔と共に、伊豆下田に停泊中のポーハタン号に乗船して密航を企てるも、幕府との条約締結を急ぐペリーに拒否される。

鎖国であった当時は、密航は大罪であった。その後、長州に引き渡され、野山獄に幽囚される。

野山獄中では千五百冊の本を読んだというが、あの書物が少ない時代に、すさまじい数であり、あくなき知識欲のあった人物だったということだろう。

野山獄を出た後、自宅で松下村塾を開き、多くの人材を育成する。

安政五年（一八五八年）、幕府が勅許なきまま、日米修好通商条約を結ぶと、これを激しく批判したため、安政の大獄で、二十九歳の若さで斬刑に処される。

わずか三年ほどの間に、長州・萩の周辺の有為な人材を教育し、その後、歴史に残る人物、高杉晋作、久坂玄瑞、吉田稔麿《としまろ》、伊藤博文、山縣有朋など、おびただしい英傑を生み出した比類なき教育者であり、その思想は明治維新の方向性を決めたともいえる。

幕末という時代の趨勢が、多くの人材を一気に求めたということもあったが、それ以上に松陰には本質的な人間的魅力と、人の良さを認め、伸ばすという特別な人格と才能があったということだ。

■他を圧するオーラ

松陰が比類なきリーダーであったという理由は大きく二つある。

一つは、会った人を引き付け、強い影響を与え、その人の潜在能力を引き出す人間力があったことである。

松陰は、純真無垢な性格で、どんな人からでも学ぶ姿勢を貫き、常に人間を平等に扱い、その発するオーラは他を圧倒した。

松陰はそれぞれ違う人間能力の相乗効果——人間の掛け算が大事だと考え、そのパワーが幕府を倒し明治維新を実現した。

さらに、彼は「ぼくは君たちの師ではない、同志だ、共に学びあおう」と常に謙虚で、その真摯な姿に周りの人たちが引き付けられた。

彼は激情家と言われる面もあるが、実際には極めて冷静で緻密な行動をとっており、時間活用術にも優れていた。

エネルギーのロスを絶対に無駄とは思わない勤勉家でもあったが、なんといっても人を見る目の確かさ、人間洞察力は一流であった。

松陰の主張は「天下は幕府のものではなく、天下は天朝のものであり、天下の天下」とし、のちには「朝廷も幕府も大名も必要ない。いま国難を解決できる力を持っているのは日本の民衆だ」と述べているが、あの幕末において珍しくも人間平等思想を提起していた。

■「飛耳長目録」にメモ

松陰のもう一つ優れたところは、単なる教育者・思想家ではなく、徹底した実学者・実践者であったことだ。

つまり知識を得るだけでは何の役にも立たないとし、まず志を立てること、そしてそれを実行すること、つまり「立志と実行」が、松陰の学問に対する基本姿勢であった。

それまで主流であった朱子学に、知行合一という陽明学を取り入れたのだ。

そのため「経済と情報」を重視し、算術は士農工商いかなる人にとっても、必要なものであるし、世間のことでそろばん珠を外れたことは全くないという考えを持っていた。「飛耳長目録《ひじちょうもくろく》」（いつも耳をピンと立て目を横に大きく開いて現実を見ること）というメモを作り、今でいうと新聞の切り抜き集をテキストとして活用し学問につなげた。

自ら東北・九州を歩き回ったが、この時代に松陰ほど、全国あちこち歩き回った人間はいない。幽囚された後では、周りの人たちや門人などから多くの情報を収集した。

松陰は調査魔であり情報魔であったが、なんでも見てやろうという気持ちが強く、日常の出来事にさえ、異常な関心・好奇心を持っていた。

現実の生活に苦しんでいる人たちに役立たなければ、学問の意味はないと考え、常に実際に役立つ実学を追求した。

私はリーダーに求められる要諦は、決断力や大局観などの前に「現実把握力」であると考えている。今何が起こっているのか、何が問題なのか、それはどうしてか、といったことだ。その現実を正しく把握することで正しい対応策、正しい思想が出てくる。

私は以前身を置いた会社の中で、二、三年おきに異動していたが、新しい職場に代わったとき必ずすぐにしていたことは、部下一人ひとりにできるだけ多くの時間をとって面談し、自分のセクションの問題点、その人の悩みや困っていること、会社や上司への提言や注文、人事評価に対する不満などを聴くことであった。

こうしたことを通じて、そのセクションとそこにいる人たちの現実を素早く理解することになり、リーダーとして方向の設定がしやすくなる。

松陰は、常に社会で起こっている問題を政治的立場で考える教育に徹した。

松陰が人間として優れているところは、明快な思想だけではなく、ペリーにアメリカ行きを直談判したような行動力があったことである。

「留魂録」は最高の遺言書

それと松陰のリーダーとして特筆すべき点は、己の思想に強い信念を持ち、意見書ひとつ出すにしても、常に死を覚悟して臨んだことだ。

松陰は老中暗殺を企てた容疑が原因で江戸送りされたものの、松陰が意図した暗殺事件は、ほとんど実体のないもので、幕府は死罪を言い渡すつもりはなかった。

しかし本人が幕府の政策に異議を唱え、自分は本気で、老中を殺そうとしたと主張したために、井伊直弼の逆鱗に触れ、死罪となってしまった。

彼が刑の執行直前の二日間で書いたといわれる「留魂録《りゅうこんろく》」の冒頭にある和歌一首は、松陰の面目躍如たるものだ。

「身はたとひ　武蔵の野辺に朽ちぬとも　留め置かまし大和魂」

松陰は自分の死を一つの贈り物にして、門人たちに決起を促したと思われる。

そして「留魂録」の第八節には「私は三十歳で生を終えるが後悔はない。人にはそれにふさわしい春夏秋冬がある。十歳にして死ぬ者には、その十歳の中におのずから四季がある。三十歳には三十歳の四季がある。五十歳、百歳にも四季が備わり、ふさわしい実を結ぶ。私も花咲き実りを迎えた。私のささやかな真心を憐み、受け継いでやろうとする人がいるなら喜ばしい」とある。

現代文に訳すと、これらの文章は凄味にやや欠けるが、私は「留魂録」は死に直面した人間が悟り得た死生観を語る日本史上最高の遺言書だと思っている。

10　第一義はあること（to be）なすこと（to do）は第二義

——新渡戸稲造

新渡戸稲造は一八六二年（文久二年）、現在の岩手県盛岡市に盛岡藩士の新渡戸十次郎の三男として生まれた。札幌農学校を卒業し、その後、東京大学に入学するが、入学試験の面接で「太平洋の橋となりたい」と述べたというから、志を高く持った青年だったようだ。

その夢を実現するためにアメリカに留学、ジョンズ・ホプキンス大学に入る。敬虔なクリスチャンとなり、クエーカー教徒たちとの親交を通してメアリー・エルキントンと知り合い結婚する。

一九〇〇年（明治三十三年）、カリフォルニアにいたとき、『武士道』を発刊。新興国日本の真の姿を紹介する本としてベストセラーとなり、セオドア・ルーズベルト大統領も絶賛。世界中に大きな反響を起こした。

私は、著書や講演を通じて、人生や仕事を乗り切るためのメッセージを送っているが、そんな私を、「ビジネスマンのメンターおじさん」と呼ぶ人もいる。さしずめ新渡戸は「百年前の日本の偉大なメンターおじさん」といったところだ。

新渡戸は『修養』や『人生読本』など優れた自己啓発の著書を残していて、私はこれらを学生時代と五十代になってからと二度読んでいる。さすがに学生時代のときは立身出世にやや否定的な内容に反発を覚えたものだが、五十代で読んでみるとまた格別な味がある考え方だと感じた。私の率直な感想は、「これは新渡戸による、リーダーとなるための優れた指南書である」ということだった。

その思想には、百年という時を超えて、大いに共鳴を覚え、かつ心に染み渡るものがある。

■リーダーとなるべき人の物差し

新渡戸は「自己の成長と、世でいういわゆる成功とは、稀には合致するが、多くの場合は相いれない。なぜなら、立身出世の標準は外部に求められるが、自己の成長は各自の内部の経験に基づくからである」と言っている。

組織の長だからといってリーダーというわけではない。

新渡戸は「成功者になることが自己の成長ではない」という。

組織のリーダーというのは、外部で成功した人であり、その物差しは外部にあるが、実際に尊敬される人、リーダーになるべき人の物差しは内部にある。だから自分自身の内面を高めていくことが大切なのだ。

心理学者のマズローは、その欲求の五段階説で「人は、自己実現のために絶えず成長する」と規定している。

しかし、私はその自己実現のもう一段上に「人は自分を磨くために働く」ということがあると考えている。

新渡戸も、人が働くというのは、信頼されるように仕事をきちんとしたり、仕事を通じて自分を磨いたりすることで人から愛されたり、尊敬されたりするためである、そういうことを通じてリーダーになっていく、という。

それは必ずしも出世といった形に表れることではないのだ。

新渡戸はまた、「第一義は『あること（to be）』であって『なすこと（to do）』は第二義」とも言っている。

優れたリーダーは、「正しいことをする人」であり、優れたマネジャーとは、「決められたことを正しく遂行する人」である。

ここでいう「正しいこと」とは、人間としてあるべき姿といってもいいことで、それは世のため人のために、すなわち何かに貢献するために行動することである。

欧州では「ノブレス・オブリージュ」と言って「社会的地位のある人には責任が伴う、あるいは義務がある」という言葉があるが、これはこの考え方に近い。

新渡戸の言葉にある「to be」とは「正しいことをする優れたリーダー」のことで、「to do」とは「正しいこと、いわれたことをきちんと遂行する人、すなわち優れたマネジャー」のことである。

リーダー（to be）のほうが上位にあるのは、いうまでもない。

リーダーには常に自己の成長と何かに貢献するという人間のあるべき姿を追求する「高い志」が大切なのだ。

■己の能力を割り引く

新渡戸は「高い志を持つことが大事」ということ以外に「己を知ることが大事」とも言っている。

「自己の発展とは、自己の内部の善性を高め、悪性を矯正することである」と言う。

人はなるべく自己のいいところを見つけて、それを強化し、悪いところはなるべく抑えるべきだということである。

どんなに立派な人でも、悪い面、弱い面を持っているが、そういった悪性を目立たせないようにして、自分の長所を伸ばしていくことで自分全体を大きく成長させる。

新渡戸は「自己発展にあたっては、まず、自己とは何かを解明することが重要である」としている。

老子の言葉に「知人者智、自知者明（人を知る者は智なり、自らを知る者は明なり）」というものがある。

これは、「ある程度の知性があれば、他人を洞察することはできる。だが、自らを知ることができるというのは、より深い洞察力を持った本当に聡明な人である」ということ。

元東京地検特捜部検事で弁護士の堀田力さんが面白いことを言っている。

「普通の人間は、自分の能力に関しては四〇%のインフレで考え、他人の能力に関しては四〇%のデフレで考える」

これはすなわち、自分を過大評価して、他人を過小評価するということ。なぜ、自分を過大評価するかというと、他人の成果はことの結果だけを見るのに対して、自分のことは言い訳ができるからである。

「これができなかったのは時間がなかったから」「私にはお金がなかったから」などと、自分には言い訳の材料はたっぷりある。

■聞く力は学ぶ力

一方、冷静に自分を見られる人というのは、謙虚な人。だから自分には欠けたところがあると思っている。そういった人は他人の話に耳を傾けるものだ。

聞くということは相手から学ぶ姿勢があるということだ。そういう人は自分のことをよく知るとともに、もっと自分を成長させたいと考えている人である。

そういう人こそ、新渡戸のいう自己を高めることのできる人である。

「昔から人生すべて塞翁が馬といったりするが、良きことでも悪しきことでも、人間の意志ではどうにもならないことが起きるのは、誰もが認める事実である」と彼は言う。

そもそも生まれたこと自体が、自分の意志ではないわけだし、親が貧乏か金持ちかも自分で選ぶことはできない。

「そこは運命として引き受けて、それを前提として自己を成長させていくこと」が真のリーダーを作っていく。新渡戸も五歳のときに父を、十七歳のときに母を亡くし、さらに、さまざまな排斥を受けた時期があった。

一流の教育者・農学者として著名な新渡戸にも、どうしようもない苦難のときはあった。予期せぬことはしばしば起こるが、彼はその中でできる限りのことをするしかないと考えた。

新渡戸は後年「仏に対してでもよいし、自分を超えた何者かに対してでもよい、そういう大きなものに対して祈る気持ちを持ちなさい」と言っている。

どんなことをしても、みんな神様は知っている。

自分が苦しんでも喜んでも天はみんな見ている。だから、新渡戸は「自分を超えた何者か」に対して祈りなさいという。

運命は神がつくったものだとすると、それを受け入れつつも、「自分はこういう人間になりたい」という強い志さえあれば、努力によって人はリーダーになれる。

厳しい出来事にあっても、それを受け止め立ち向かっていけば最後に幸せをつかめるということだ。

人生にはさまざまなことが起こるが、リーダーとは自ら運命を受け入れ粘り強く切り拓いていく人である。

11 男子三日会わざれば刮目して見よ

——坂本龍馬

今回のリーダーは坂本龍馬である。龍馬に絡んだテレビドラマや小説が出ると、ほぼ間違いなく多くの人の関心を引く。日本人には最も人気がある人物の一人である。

私も同様で、龍馬に関する本やドラマを、どれほど興味深く読んだり見たか。司馬遼太郎の『竜馬がゆく』など、大学生のころ、それこそ寝食を忘れ夢中になって読んだ。龍馬にあこがれ、明治維新期に生まれなかった自分をどれほど恨めしく思ったかしれない。なぜ、龍馬はこれほどまでに人気があるのだろうか。

吉田松陰や高杉晋作など幕末の英雄たちは、小さいころから秀才の誉れ高かったりしたのだが、龍馬はそのようなことはなかった。成績も良いとは言えず、本もあまり読まなかったという。

十七歳の時、江戸に出て北辰一刀流の千葉道場に入り、免許皆伝の腕前になったが、そのころでも特別、政治や社会情勢に興味を示していたわけではない。

龍馬が龍馬らしく行動するのは、勝海舟に弟子入りした二十六歳から、三十二歳で京都の近江屋で暗殺されるまでのわずか数年のことである。その間に、神戸海軍操練所の塾頭になり、亀山社中を立ち上げ、薩長同盟を締結させ、海援隊を組織し、後の「五箇条の御誓文」の元となる「船中八策」を作っている。

その時間の短さに驚くとともに、その間に成し遂げた業績の大きさにもさらに驚く。ある時点から、龍馬は驚くべき速さで自己変革をし、社会変革をしていく。

■なぜ自己変革できたのか

それを可能にしたのは、誰からでも学ぼうとする素直で貪欲な性格と、地位や権威には無関心だったこと、広い世界観と実行力であった。

龍馬の生涯を振り返り驚くことは、彼は敵も含め、誰をも憎んだことがないという、不思議ともいえる人間的魅力と強いヒューマニズムを持っていたことである。

こうした龍馬の人間的魅力は、彼の無欲さと自己否定の精神というか、信じられないような謙虚さであり、その謙虚さゆえに、次々と自己変革ができていったようだ。

龍馬の壮大な発想は、彼自ら生み出した独自なものではなく、優れた一級の人材の知恵を自分流に取り入れ、それを膨らませていく、いわば応用力によるものだった。そのため、龍馬は第一級の人材と聞けば、すぐにその地に足を向けて面談に行った。そして、勝海舟、松平春嶽、大久保利通、横井小楠《しょうなん》、西郷隆盛、後藤象二郎などから多くのことを素直に学んでいった。

特に勝海舟の場合は、最初、ことによったら斬ってやろうくらいの勢いで会いに行ったのだが、少し話しただけで「この人には全くかなわない、弟子になろう」と感じ入り、弟子入りしたところなどは、龍馬の面目躍如といえる。

龍馬の偉業は、すべて無資本というか、他人の褌《ふんどし》で相撲を取ることが多かったが、それは龍馬の人間的魅力の賜物である。人との出会いを大切にし、人を選び、土佐藩以外のネットワークを大事にし、他人から優れたものを身に付けていった。

まさに日々鍛錬する人は三日も経つと見違える程成長しているという、「男子、三日会わざれば刮目して見よ」（『三国志演義』）を地でいったのだ。

龍馬は人を愛することにおいて、並外れた才能を持っていた。それは天下を愛することに繋がり、天下を愛するということは、日々の暮らしを愛し、国を愛することになる。

幕末の時代、龍馬ほど国家国民を大事にし、最後の最後まで人を愛することを貫き、他人から学ぶことで自己変革したリーダーはいなかった。

龍馬はいつも森や山の彼方を見ていた。海の彼方に外国を見ていた。山の彼方に地球を見ていた。

事実と情報を重視し、AかBかといった二極対立方式ではなく、AとBを視野に入れながら、第三の道を探るという複眼の目線で物事に当たるという稀有な才能を持ったリーダーであった。

■モテる男

龍馬を語るとき、特筆すべき点は、そのフェミニストぶりというか、特別、女性にモテたことである。

龍馬には、千鶴、栄、乙女という三人の姉がいるが、特に乙女姉にはいろいろ面倒を見てもらい、江戸に出てからも、何かにつけて手紙を書いている。現存する龍馬の手紙は、九十八通であるが、乙女への手紙が十七通と最も多い。

龍馬の初恋の相手といわれているのは、土佐勤王党幹部・平井収二郎の妹、加尾である。

この加尾はのちに山内容堂の妹の侍女として、京都へ行くが、龍馬が脱藩する時、その必要な品の用意を依頼したといわれる。

龍馬は十七歳の時、江戸に出て、北辰一刀流の千葉道場で修業を積む。師事した千葉定吉にはさなという娘がいたが、龍馬はさなと恋仲というより、さなに強く慕われたようだ。姉乙女にあてた手紙には「さなは今年二十六歳で、馬によく乗り、剣もよほど強く、長刀もでき、力は並みの男より強く、顔は平井（加尾）よりも少しよい」と評している。

龍馬の帰国後、二人は疎遠になるが、さなは生涯独身を通したとも言われ、甲府市清運寺にある墓碑には「坂本龍馬室」と刻まれている。

一方、龍馬は、京都の医師の長女の楢崎龍を、父が亡くなってから困窮していたとき見初め、三十歳で祝言を挙げた。

龍馬は、お龍の境遇と、妹二人を人買いから取り返した武勇伝を、家族あての手紙に詳しく書き送り、彼女を「まことにおもしろき女」と評している。

慶応二年（一八六六年）一月二十三日に暗殺されかかったとき、お風呂に入っていたお龍が全裸で二階の龍馬に知らせ、その機転で危機を逃れた話は有名だが、龍馬は乙女宛の手紙で「このお龍がいたからこそ、龍馬の命は助かりました」と述べている。

その年の三月から六月、龍馬はお龍を伴って薩摩に下り、療養のために温泉を巡った。この旅が日本最初の新婚旅行といわれているが、こういう近代的なセンスがあるところも龍馬らしい。

龍馬にはこの三人以外に、高知の漢方医の娘・お徳や、公家の腰元・お蝶、長崎の芸妓・お元、京都の旅宿の娘・お国など数多くの女性の名が伝わる。やはり龍馬のモテぶりは尋常ではない。

龍馬は身の丈六尺（約百八十センチメートル）と、当時としてはかなりの大男だったそうだが、写真で見る限り、それほどイケメンとは言えない。しかしなかなか味のある顔をしている。

■信頼の篤さはどこから？

自分の境遇や女性とのことを、姉の乙女にしばしば本音ベースで、手紙に書くなどということは、当時も現代もあまり例のないことであるが、このへんが龍馬の持ち味で、てらいも見栄もなく、自然体で自分を表現できる。龍馬の懐の深さと言ってもいい。

女性たちが渾身の協力を惜しまなかったのは、龍馬があまり男女の性別意識もなく、相手の良さを素直に認めるところがあったからだろう。

そういえば、龍馬が勝海舟に西郷隆盛に会った印象を聞かれ「大きく打てば大きく響き、小さく打てば小さく響く」と評したが、海舟はこの時のことを「評されるものが評されるものならば、評するものも評するもの」と語っている。

また薩長連合の盟約書ができたとき、桂小五郎はその証明に龍馬に裏書してくれと言っている。

雄藩の盟約書に一介の浪人の保証を求めるなどということは通常はありえない。いかに龍馬の信任が厚かったかという証左であろう。

西郷隆盛にしても桂小五郎にしても勝海舟にしても、みな龍馬を好きになってしまう。

龍馬は女から以上に、男からもモテたといえる。

12　五十にして天命を知る

――孔子

孔子を本書に登場させるのは少し違和感はあるが、論語は、私が最も大きな影響を受けた本でもあるし、私の生き方の指針になった本でもあるので、あえて取り上げる。

孔子は今から二千五百年前、紀元前五五二年、中国東部（今の山東省）の魯の国に生まれ、下級の役人となるが、それほどの立身出世もせず、不遇の時代が長かった。五十三歳の時に、今でいう司法長官になるものの、三年で失脚し、流浪の旅に出る。六十九歳の時、祖国に戻り、出世をあきらめ、七十四歳で亡くなるまで弟子たちの教育に当たった。

孔子の言葉を弟子たちがまとめたものが論語であるが、収載されている章句は五百強、短いものは五文字、長くても三百字、全部で一万三千余字。四百字詰原稿用紙で三十数枚程度というもの。

孔子の人柄と教養は評判であったし、多くの優秀な弟子たちもいたが、ほとんど出世できなかったという恵まれない人生、挫折だらけの人生であった。

それだけにその語る言葉は、自分の経験に根差した人間や社会のありようを深く捉えている。

論語というと、かなり堅いイメージをもたれているが、孔子自身は行動的で、エネルギッシュ、情熱的で、人間はこうあるべきという理想を、生涯訴え続けた正論の人だった。

孔子の歩んだ生涯はあまり記録としては残っておらず、その人となりは、論語から推察するしかない。

論語には、人生で大切なこと、仕事や社会のこと、交友、理想、学問などさまざまなことについて、鋭い洞察力で書かれており、いわば総合的人間学の書物といってよい。

また、結果より努力する過程を重んじた。しかしながら、孔子は、金持ちになることや偉くなることを否定していたわけではない。

■出世を全否定はしない

出世というのは、企業や社会で何事かを成し遂げたいから求めるもので、出世それ自体を求めるのは本末転倒としながらも、人が讃える何かを成し遂げた結果として、手に入れる名声や財はいいことだと言っている。

要は目的と手段を取り違えてはいけないということだ。

この論語の中には、上に立つもの、すなわちリーダーは、どうあるべきかが、何度も出てくる。

まず、「君子は器ならず」とある。器というのは特定の才能のことをいうので、これは「特定なスペシャリストになるな」という意味である。つまりリーダーというのは自分がするのではなく、人にやらせる能力が重要だということ。

そして人を使う立場には、それ相応の心得がいるとして、一番大切なことは「恕《じょ》」即ち「思いやり」であるという。

「一言《いちげん》にして以て終身これを行うべきは、其れ恕か」（生涯座右の銘にすべきものは思いやりだ）

そして、リーダーにとって、もう一つ大事なことは「言行一致」ということで、人に指示している自分がそれに恥じないことをしているかどうか。できないことは言うな。「その身正しければ令せざれども行わる」（命令している人自身の主張や行動が正しければ命令しなくても人は従う）「民は信なくば立たず」（民に為政者への信がなければ立ちゆかない）

孔子はこの「思いやり」と「言行一致」をリーダーの要諦とした。

すなわち、リーダーというのは、人間として基本的な正しい考え方を持ち、それとぶれない行動をすること、そして常に、他人に対する心配りをすべきと言っている。

その内容は説得力があり、さすが中国随一の書物といえるが、これほどの思想家でも、実生活では地位を得なかったのだから、現実社会の難しさである。

■適切な人間関係が強い組織を生む

孔子は優れたリーダーの条件として、次のようなものを挙げている。
「君子は周して比せず」（依怙贔屓《えこひいき》をしない）
「君子は争うところなし」（滅多に喧嘩しない）
「君子は言訥にして行に敏ならんと欲す」（能弁であるより行動が大事）
「君子は人の美を成して、人の悪を成さず」（部下の長所を伸ばし、欠点をなくす）
「君子は和して同ぜず、小人は同じて和せず」（和を尊ぶが付和雷同しない）
「君子はこれを己に求む、小人はこれを人に求む」（失敗の責任は自分で取る）
さまざまなことを指摘しているが、多くは人や組織の関係のあり方で、その関係を適切にするのが優れたリーダーだと言っている。適切な人間関係を構築していき、組織力を強める。

そのためにというか、孔子はリーダーの資質を九つの事項に集大成している。

「君子に九思あり。視るには明を思い、聴くには聡を思い、色には温を思い、貌には恭を思い、言には忠を思い、事には敬を思い、疑わしきには問いを思い、怒りには難を思い、得るを見ては義を思う」（リーダーの九の心得。一、的確に見る。二、誤りなく聞く。三、表情は穏やかに。四、品を持って。五、言ったことに責任を持つ。六、仕事に敬意を。七、疑問は聞く。八、やたらに怒らない。九、道義に反した利益を求めない）

論語を読んで当惑するのは、このように九つもの条件を示したりするところだ。人間は神ではなく、どんな優れた人でも、ここまで兼ね備えることはできない。読む人はその中で自分の気に入ったところをピックアップすることになる。

この論語に多大の影響を受けた人物が日本にも数多くいる。私が紹介した中で、渋沢栄一、広田弘毅などもそうである。

渋沢は『論語と算盤』の中で論語の考え方を使って、日本資本主義の骨格を作ったことを述べているし、広田弘毅は毎日、夥しい本を読んでも、一日の終わりは必ず論語を読んでから就寝したという。

いわば論語は、リーダーを製造する書物と言ってもいい。優れた人をますます磨き上げていくリーダー育成本である。

明治時代も、昭和も平成も、いつの時代においても普遍的なものを含んでおり、極めて実用的であるが、人間社会の本質は基本的には何も変わっていないようだ。

孔子は、人生を十全に生き切りたいという意欲を持ち、社会を良くしたいという志を強く持っていたが、そうした情熱がこの本をリーダー本にしたといえ、それがまともに伝わってくる優れた書物である。

私が論語の中で最も好きな言葉は、

「学びて思わざれば則ちくらし、思うて学ばざれば則ち危うし」（知識を学ぶだけで自分で考えないのは本質を摑めない。考えるだけで学ばなければひとりよがりになる）

「これを知るはこれを好むものに如かず、これを好むものはこれを楽しむものに如かず」（知っているより好きな方が、好きより楽しむ方が勝る）

「徳は孤ならず、必ず隣あり」（道義を中心にした生き方をしているものは孤立しない）

論語の面白さは多面的な解釈が出来ることでもある。

私のリーダー論

誰もがリーダーシップを発揮できる

ここまで紹介してきたリーダーたちの有り様を知ることで、自分の生き方にさまざまな教えを受けてきたような気がする。

失敗したり壁にぶつかるたびに優れたリーダーのことを思い出したり、彼らの行動を真似てみたり自分なりに学んできた。

確かにここに挙げたリーダーは抜きんでた人たちではあるが、彼らの行動を知って感じるのは、この人たちは生来優れた資質はあるものの、自分の力で自らを成長させることに努めてきたという努力の人であるということ。また、そうした意志を持つことで、リーダーになれるということ。

そうしたことを知れば知るほど勇気と希望が湧いてくる。

このような経験から私のリーダーの定義は「勇気と希望を与えてくれる人」である。政治家や社長が、必ずしもリーダーというわけではない。課長であろうが、新入社員であろうが、派遣社員であろうが、主婦であろうが、障害者であろうが、リーダーシップを発揮している人はいる。

どんなところにも勇気と希望を与えてくれる人はいるし、そういう意味では誰でもリーダーになれる。これが私のリーダー論だ。

例えば私が内閣府の審議会で一緒の委員になった乙武洋匡さんは障害者ではあるが、彼と話をしていたら、勇気と希望が湧いてくる、立派なリーダーである。

そして、リーダーシップを発揮できるかどうかは、ひとえにその人が「どう生きるか」にかかっていると考える。

リーダーシップとは「目に見えないもの、計測できないもの」であり、「成長しよう」「貢献しよう」という人には必ずリーダーシップが存在するものだ。

■生き方そのもの

そもそも、その人がリーダーであるかどうかを決めるのは本人ではない。周りの人がそう認めたり、感じたりしたときにはじめてリーダーたりうるのだ。

「自分を高めたい」「世のため人のために貢献したい」といった成長しようという強い意志と、何ものかに献身しようとする志が周りの人の共感を呼び、その人たちが力を貸したい、力になりたいと思ったとき、はじめて私たちはリーダーシップを発揮することができる。

リーダーシップは生来のものに由来するという考えもある。

しかし、私はリーダーシップとは「生き方」によって生まれ、「磨かれ育っていく」ものだと考える。

ただし、リーダーシップに「ノウハウ」はない。リーダーとは「どうやるか」という問題ではなく、「どうあるか」という問題である。

結局のところ、リーダーシップとは「生き方」そのものであり、自ら摑み取っていくとしか言いようのないものなのだ。

現実を直視し事実を知ることから

ここまで読んでこられたみなさんは、「リーダーの要諦」の中で最も大事なことは、現実を直視し事実を正しく知ることだと充分おわかりだろう。

このことを大きなスケールで示したのが、日本航空の再建を短期間で成し遂げた稲盛和夫氏だ。稲盛氏が推し進めた経営戦略は二つ。

ひとつは社員の意識改革、そしてもう一つはアメーバ経営である。

アメーバ経営というのは企業の中をできるだけ細かく区分して、その収支を取り実態を明らかにしていく手法である。

例えば羽田―LA便の収支が、従来は二カ月後になってやっとすべての便の合計として出されていたものが、稲盛氏は一日の朝の一便、二便と各便ごとに、それも出発前に把握できるようにした。

その結果、もし朝の一便に中型機を予定していたとしても、予約が半分だったら小型機に変えるというアクションをとることができる。そのことで燃費の削減や乗務員の数も縮小することができる。

こうしたコストダウンをした結果、それでも朝の一便が赤字、二便は黒字なら一便は廃止するということにする。

つまり会社の赤字の原因や現場で何が起こっているかを正しく把握できれば、会社の業績は改善できる。

稲盛氏が成し遂げた奇跡の再建は、決して特別なことをしたわけではなく、現実把握を正しくした結果なのだ。

今、お客さまは何を求めているのか、業界の環境はどうなっているのか、部下は何に悩んでいるのか、上司は何を目指しているのか、会社の開発部門はどういう動きをしているのか、そういった現実を正しく把握する。そのためには問題意識や当事者意識を持って足を使い、耳をそばだて、情報に接しなくてはならない。

■習慣を疑う

会社に入って二十年目のこと、それまで企画や管理などスタッフの仕事ばかりしてきた私は、ある日社長から「営業を勉強してこい」と言われた。ある繊維事業の営業課長への辞令であった。そこは釣り糸（テグス）を販売するセクションであった。主として繊維を扱う東レでは、こういった最終製品である釣り糸も重要な商品だった。

着任してその製品の流通経路を聞くと、私の会社から大問屋にわたり、一般の問屋を経て小売店に流れていた。そしてその小売段階では大手量販店が急速に台頭してきていて、釣り具関係販売シェアの六五％を占め、更に急拡大する状況であった。

小売段階でこのような大きな変化が起こっているときに我が社のこの流通経路は不自然で不適切だと私は考えた。

大手量販店に直接売るべきだと判断し、周到な準備の下、二年かけて中間段階の問屋をとばし小売店直販体制を作ることに成功した。

サプライチェーンの改革である。

この改革により大幅な収益増大とマーケットシェア拡大に繋がった。

私の先輩たちはそのような流通経路は所与のものと考えていたようだが、私としては営業の素人ではあったものの、何があるべき姿なのかという現実直視を貫いた発想だった。

また慣れていなかったから逆に実行に結びついたのではないかと思う。

リーダーは小異を超える人間であれ

明治維新によって日本近代史は急展開していくが、最大のヤマ場は江戸城の無血開城であった。もしこのとき、薩長率いる官軍と幕府軍の両軍が戦っていたら、その犠牲は計り知れないものがあっただろう。

その立役者は勝海舟と西郷隆盛であるが、勝の大所高所に立った提案を西郷が受け入れたのだ。

その後の日本の歩みを速めた二人の大英断であり、歴史に残るリーダーシップである。

リーダーたるもの、小事で争ってはならない。国や組織を二分するような対立にくみするのではなく、より高い目標を明示し大同団結を促す存在でなければならない。

戦国一の知将かつ謀将といわれた毛利元就は無益な戦いを避け、利害関係者の協働に努めたし、明治維新の礎を築いた坂本龍馬は、根深い薩摩・長州の対立を超え同盟を成功させ新しい時代を加速させた。

戦略とは「戦いを略す」ことなのだ。

■グローバルだからこそ小異を捨てよ

現代でもビジネスの最前線でグローバル化著しい世界において、経営のリーダーにはますます「小異」を超える器量が試されている。

しかし例えば、企業合併が、時にご破算になってしまう実情をみれば、そうしたことがかなり難しいことがわかる。

近年、何度か企業の大型合併の動きはあるものの、進めていくうちに、お互いの企業風土の相違が大きく結局成就できないというケースがみられた。

小異を捨てるということは難しい。例えばかつて、A化学とB化学が合併しようとして、頓挫したことがある。いろいろ理由があったようだが、企業風土の差ということが大きかったようだ。

合併にまで至った会社でも、C社出身とD社出身では、しばしば考え方の相違があり、対立したり、社長人事をタスキ掛けでせざるを得ないということが起こる。

外国人の目からみたら、日本の企業などそれほど違うようには見えないが、日本の場合、ちょっとした差が大きく影響する。

かつて、第一銀行と日本勧業銀行が合併し、第一勧業銀行が誕生した時、その融和に長い時間がかかったことがある。

私が最近あるメガバンクで講演をしたときのことだ。講演が終わって懇親パーティになり私のテーブルにいた数人の幹部の会話があった。「ところで貴方はどこの出身？」「私は○○です」「あっそう、私は△△。でもどこの銀行出身なんていうのは今やどうでもいいことだね」と。

この銀行は多くの銀行の合併でできた銀行だが、大きな目的のために、今や誰がどこの出身かなどということは関心の対象にもならないらしい。

メガバンクはグローバル経済の中で生き残りをかけた戦いを強いられているのだ。しかしこういった例は少なく、すぐ自社のカラーに執着しがちである。

■モノカルチャーの陥穽

おそらく、その背景には日本が均質性の高いモノカルチャーの国であるという事情があるのだろう。均質性が高いだけに「小異」がことさらに「大きな差」に見えてしまうのだ。大きなことを成すべきリーダーは、「小異」を超える懐の深さをもたなければならない。

それともう一つ大事なことは相手を変えようと思うなということである。

おそらく、これも日本が均質性の高い国であることと関連があるが、日本人は強い「同化圧力」をもっているように思える。合併交渉においても、優位に立ったものが相手の風土も手法も根こそぎ変えようとしてしまうのだ。

私の先輩がある経営不振に陥った繊維商社の再建のため社長として派遣されたことがある。その先輩が最初に実行したことは、再建のためにその会社に出向していた支援会社からの人間をすべて返したことである。

元々その会社にいる社員が自分の問題として自分の力で努力しない限り会社は変革できないという考え方からだ。

往々にして経営不振に陥ると支援会社は、そうなったのはその会社のやり方が悪いのだからすべて変えなくてはと多くの社員を出向させ、自分の会社のやり方を押し付けがちである。しかしそうした方法では会社を良くすることは難しい。

その先輩はその会社の元々の社員自身の力を結集することで、改革を実行していった。

結局、その繊維商社は見事一年で再建された。

私たちは、こうしたことに学ばなければならない。相手を変えようとしてはならない。小異を認めて、お互いを生かす方法を考えるべきだ。

それが、明日を切り拓くリーダーの発想であろう。

これからのビジネスリーダーには、揺るぎなき倫理観が必要である

二〇一一年三月十一日、東日本大震災が東京電力福島第一原子力発電所を襲い、未曾有の被害が発生した。

原発というものは、国家のエネルギー源の柱にするという国家戦略として推進されてきたプロジェクトである。そのため、電力会社は、その立地や安全対策については国の指導を受けながら実行してきたのであり、今回の事故については東京電力より国に重い責任がある。

しかし、仮にそうであったとしても、あくまで電力会社は独立したガバナンスをもつ民

間企業でもある。自らの意志と責任によって、人命・安全を最優先に考え、あらゆる事態を想定して原発事業を遂行すべきであった。会社が競争に勝ち、利益を上げることが企業の目的ではない。利益とは、あくまでも企業が生きていくための条件に過ぎない。

■真の意味での企業の目的とは

企業の目的は社会のよき構成員として株主のため顧客のため社員のため――即ち世のため人のために貢献することである。もしそうでなければ企業は存続できないというリスクを持つ。

雪印乳業は安全性を欠いた商品を製造し集団食中毒事件を起こし、カネボウは巨額の粉飾決算を行い、その咎ゆえに崩壊に至った。

これからのビジネスリーダーは、企業活動の中に揺るぎない倫理観を確立させねばならない。

私たちに大きな教訓を与えてくれるのが、ジョンソン・エンド・ジョンソン社（J&J社）の「タイレノール毒物混入事件」である。

米国の国民薬といっていいほど普及していた解熱鎮痛剤、タイレノールで一九八二年に毒物混入による死亡事件が起こった時、製造元のJ&Jはただちにテレビや新聞で情報を公開した。経営トップ自らが「タイレノールを飲まないように」と呼びかけ、全米の店舗からタイレノール約三千百万個を回収した。

広報および回収の費用は約一億ドル（当時の為替レートで約二百三十億円）にも上ったとされる。だがJ&Jの経営者会議では、多額の資金を投じることに誰からの反対もなかったし、この決定をわずか一日でしている。

「消費者の命を守る」という経営理念（我が信条　Our Credo）を全員が共有し、素早い決断を下したのだ。この素早い英断によりJ&Jは社会の圧倒的支持を受け、信頼を勝ち得て、次の飛躍に繋がったという。

どの会社にも「我が信条」に類する経営理念や倫理規定は存在するがその理念に命が吹き込まれているか否かが、最大のポイントなのだ。

J&Jでは「我が信条」に命が吹き込まれていた。

■社是に命を吹き込めるか

これを起草したのはロバート・ウッド・ジョンソンJr．だが、彼はあらゆる経営活動の中に、何をすることが正しいことなのかを規定し実践し社内に浸透させていった。そうした魂の入った総集編がこの「我が信条」であり、ロバートの卓越したリーダーシップであった。

誰もが「倫理」について語ることはできるが、そこに「命」を込めることができるのは、それを実践する者だけだ。そしてそれができる者のことを「リーダー」と呼ぶのである。

土光敏夫には常に「無私の思想」があった。渋沢栄一は「経営の本質は責任である」とし「経済活動は武士道に通じる。何事にも誠実勤勉でなければならない」とした。ドラッカーとハロルド・ジェニーンは「経営の本質は真摯さである」という。

新渡戸稲造は「第一義はあること（to be）であってなすこと（to do）は第二義」つまり「優れたリーダーは正しいことをする人」で優れたマネジャーは「決められたことを正しく遂行する人」と表現し、スティーブン・R・コヴィーは「リーダーは優れた人格を持つこと」と述べている。

人間や人生に深い洞察力を持つひとかどの人物がみな一様にリーダーには「高い倫理観」が必要だと述べていることは興味深いし正鵠を射ているのだ。

初出：「週刊文春」二〇一二年六月十四日号〜二〇一三年六月二十七日号掲載
「こんなリーダーになりたい」に加筆、修正しました。

佐々木常夫（ささき つねお）
1944年秋田県生まれ。株式会社佐々木常夫マネージメント・リサーチ代表。1969年東京大学経済学部卒業後、東レ株式会社に入社。自閉症の長男、肝臓病を患った妻の看病や育児、家事をこなしながら「最短距離」で「最大の成果」をあげる仕事術を究め、マネジメント力を磨く。2001年東レ取締役就任、03年東レ経営研究所社長を経て現職。経団連理事、大阪大学法学部客員教授などを歴任。著書に『ビッグツリー』『部下を定時に帰す「仕事術」』『そうか、君は課長になったのか。』『働く君に贈る25の言葉』『リーダーという生き方』（以上WAVE出版）、『[図解]人を動かすリーダーに大切な40の習慣』（PHP研究所）などがある。

文春新書

936

こんなリーダーになりたい
私が学んだ24人の生き方

2013年（平成25年）9月20日　第1刷発行

著　者　佐々木常夫
発行者　飯窪成幸
発行所　株式会社 文藝春秋

〒102-8008 東京都千代田区紀尾井町3-23
電話（03）3265-1211（代表）

印刷所　理想社
付物印刷　大日本印刷
製本所　大口製本

定価はカバーに表示してあります。
万一、落丁・乱丁の場合は小社製作部宛お送り下さい。
送料小社負担でお取替え致します。

ISBN978-4-16-660936-9

◆考えるヒント

常識「日本の論点」 『日本の論点』編集部編
10年後の日本 『日本の論点』編集部編
10年後のあなた 『日本の論点』編集部編
27人のすごい議論 『日本の論点』編集部編
論争 格差社会 文春新書編集部編
大丈夫な日本 福田和也
孤独について 中島義道
性的唯幻論序説 岸田 秀
唯幻論物語 岸田 秀
なにもかも小林秀雄に教わった 木田 元
民主主義とは何なのか 長谷川三千子
寝ながら学べる構造主義 内田 樹
私家版・ユダヤ文化論 内田 樹
うほほいシネクラブ 街場の映画論 内田 樹
完本 紳士と淑女 徳岡孝夫
信じない人のための〈法華経〉講座 中村圭志

お坊さんだって悩んでる 玄侑宗久
静思のすすめ 大谷徹奘
平成娘巡礼記 月岡祐紀子
生き方の美学 中野孝次
なぜ日本人は賽銭を投げるのか 新谷尚紀
京都人は日本一薄情か 落第小僧の京都案内 倉部きよたか
小論文の書き方 猪瀬直樹
勝つための論文の書き方 鹿島 茂
面接力 梅森浩一
退屈力 齋藤 孝
坐《すわ》る力 齋藤 孝
断る力 勝間和代
愚の力 大谷光真
誰か「戦前」を知らないか 山本夏彦
百年分を一時間で 山本夏彦
男女の仲 山本夏彦
「秘めごと」礼賛 坂崎重盛
わが人生の案内人 澤地久枝

論争 若者論 文春新書編集部編
成功術 時間の戦略 鎌田浩毅
東大教師が新入生にすすめる本 文藝春秋編
東大教師が新入生にすすめる本2 文藝春秋編
世界がわかる理系の名著 鎌田浩毅
人気講師が教える理系脳のつくり方 村上綾一
ぼくらの頭脳の鍛え方 立花 隆 佐藤 優
人間の叡智 佐藤 優
世間も他人も気にしない ひろ さちや
風水講義 三浦國雄
「日本人力」クイズ 清野 徹 現代言語セミナー
丸山眞男 人生の対話 中野 雄
ガンダムと日本人 多根清史
日本版白熱教室 サンデルにならって正義を考えよう 小林正弥
聞く力 阿川佐和子
選ぶ力 五木寛之
〈東大・京大式〉頭がよくなるパズル 東田大志& 東大・京大パズル研究会